Reinhard Abeln
Der heilige Franziskus

topos taschenbücher, Band 821
Eine Produktion des Lahn-Verlags

Reinhard Abeln

Der heilige Franziskus

Leben – Legenden – Bedeutung

topos taschenbücher

Verlagsgemeinschaft topos plus
Butzon & Bercker, Kevelaer
Don Bosco, München
Echter, Würzburg
Lahn-Verlag, Kevelaer
Matthias Grünewald Verlag, Ostfildern
Paulusverlag, Freiburg (Schweiz)
Verlag Friedrich Pustet, Regensburg
Tyrolia, Innsbruck

Eine Initiative der Verlagsgruppe engagement

Bibliografische Information der Deutschen Nationalbibliothek
Die Deutsche Nationalbibliothek verzeichnet diese Publikation in der
Deutschen Nationalbibliografie; detaillierte bibliografische Daten
sind im Internet über http://dnb.d-nb.de abrufbar.

2014 Verlagsgemeinschaft **topos** plus, Kevelaer
2. Auflage (1. Auflage 2012)
Das © und die inhaltliche Verantwortung liegen beim
Lahn-Verlag, Kevelaer

Einband- und Reihengestaltung | Finken & Bumiller, Stuttgart
Satz | Aalexx Druck GmbH | Großburgwedel
Herstellung | Friedrich Pustet, Regensburg
Printed in Germany

Topos-ISBN: 978-3-8367-0821-0
www.toposplus.de

Inhaltsverzeichnis

Ein Wort zuvor

Wer war der Mann, der als Sohn eines reichen Kaufmanns auf sein Erbteil verzichtete, um ganz bewusst ein armes und einfaches Leben zu führen?

Wer war der Mann, der – erfüllt aus Liebe zu Gott und den Menschen – sein Leben vollkommen in die Nachfolge des armen, hilflosen, verspotteten und gekreuzigten Jesus stellte?

Wer war der Mann, der Aussätzige pflegte, Armen und Kranken diente und auf nackten Füßen in die Welt hinauszog, um das Evangelium zu verkünden?

Wer war der Mann, für den das Wort Gottes an erster Stelle stand und der versuchte, dieses Wort in sein Leben zu übersetzen?

Wer war der Mann, der vor den Toren der italienischen Stadt Gubbio ohne alle Angst einem wilden Wolf entgegentrat und zwischen ihm und den Bewohnern der Stadt Frieden schloss?

Wer war der Mann, der die schmerzhaften Krankheiten „seine lieben Schwestern" und den nahenden Tod „seinen Bruder" nannte und gegen Ende seines Lebens die leiblichen Wundmale des Gekreuzigten empfing?

Dieser Mann war Franz von Assisi (1181/82–1226), einer der bekanntesten und beliebtesten Heiligen in der Kirche. Von ihm soll in diesem Buch die Rede sein. Es will bekannt machen mit einem Menschen, der zwar vor fast acht Jahrhunderten gelebt hat, aber bis zum heutigen Tage nichts an Ausstrahlung und Aussagekraft verloren hat. „Ich gehe von euch mit meinem Leibe, aber mein Herz lasse ich hier", war eines der letzten Worte des großen Ordensmannes (vgl. Fior 57).

Die Ausführungen dieses Buches wollen zeigen, dass es sich lohnt, über Leben und Wirken von „Bruder Franz" nachzudenken. Denn kein Heiliger zeigt uns so klar und überzeugend, dass nicht Geld, Ruhm und Macht einem Leben Sinn und Inhalt geben können, sondern nur ein Leben in der Nachfolge Jesu, „dass Christentum möglich ist und dass Jesus Christus in seiner Kirche lebt" (Karl Böck).

Natürlich können wir nicht so werden wie der heilige Franziskus, der ein besonders begnadeter Mensch war. Aber wir können uns ihn zum Vorbild nehmen und versuchen, in seinem Sinn und aus seinem Geist heraus zu leben. Jeder von uns kann nach dem Maß seines Könnens Jesus nachfolgen. Franz weist uns – gleichsam als Wegzeichen – die Richtung, wie wir mit unseren Möglichkeiten das Ziel und Glück unseres Lebens erreichen können.

Dabei ist wichtig, dass wir in unserem Bemühen nicht nachlassen und immer wieder neu anfangen. Dazu passt ein Wort, das uns von Franz von Assisi aus seinen letzten Lebensjahren überliefert ist und nicht nur seinen Brüdern damals, sondern auch uns heute gesagt ist: „Brüder, lasst uns anfangen. Denn bis jetzt haben wir nichts (oder: sehr wenig) getan" (1 Cel 103).

Reinhard Abeln

Leben des heiligen Franziskus

Eines der schönsten Worte über Franz von Assisi hat der berühmte Dante Alighieri (1265–1321), Italiens großer Dichter, gesprochen: „Wie eine Sonne ging er in der Welt auf." Kann man inniger und anschaulicher ausdrücken, was der „seraphische Heilige", der den Weg radikaler Armut und reiner Christusnachfolge wählte und durch seine Liebe zu Gott und zu aller Kreatur tief auf Kirche und Gesellschaft wirkte, der Menschheit geschenkt hat?

„Immer wieder", schreibt Theodor Schnitzler in seinem Buch „Die Heiligen im Jahr des Herrn" (Ihre Feste und Gedenktage), „orientieren sich Beter und Aszeten, Romantiker und Organisationen, Mystiker und Missionare, Orden und Gesamtkirche an Franz von Assisi. Immer noch und immer wieder – eine Sonne für die Welt."[1]

Der Sohn eines reichen Kaufmanns

Die Heimat des heiligen Franziskus war Umbrien / Italien. Hier wurde er um die Jahreswende 1181/82 als Sohn des Kaufmannes Pietro Bernardone und der Französin Johanna Pica in Assisi geboren. Sein Taufname war eigentlich Giovanni (Johannes). Wegen der Abstammung seiner Mutter wurde er jedoch von Geburt an Francesco (das Französlein) genannt.

Die Familie Bernardone gehörte zu den wohlhabendsten der Stadt. Sie besaß in Assisi mehrere Häuser und eine Tuchhandlung, vielleicht auch eine Tuchmacherei. Der Vater, der aus Lucca stammte, war neben seiner Tätigkeit als Kaufmann wohl auch als Geldverleiher tätig.

Franz trat zunächst in die Fußstapfen seines Vaters. Er arbeitete im elterlichen Betrieb mit der Aussicht, das Unternehmen zu erben und weiterzuführen. Dazu erwarb er sich einstweilen die nötige Bildung. Er lernte u. a. Französisch und Latein (ohne beide Sprachen perfekt zu beherrschen). In seiner Kleidung und in seiner Lebensführung ahmte er den Stil der Adeligen nach.

Mit dem Vermögen des Vaters ging der junge Franz mit der Zeit überaus großzügig, ja verschwenderisch um. Er erkaufte sich die Freundschaft der vornehmen Adelssöhne in Assisi und wurde ihr Anführer. Überall wollte er der Größte sein. Die jungen Adligen liebten ihn, weil er ihre Trinkgelage bezahlte und Anstifter ihrer ausgelassenen nächtlichen Vergnügungstouren durch Assisi war, bei denen sie sangen und alle Stadtbewohner im Schlaf störten. Sein ersehntes Ziel war eine Karriere als Ritter. „Eines Tages wird die ganze Welt meinen Namen kennen", sagte Franz zu seinen Kameraden.

Geistiger Wandel in der Gefangenschaft

Im Jahr 1202 zog Franz in den Städtekrieg zwischen (dem kaisertreuen) Assisi und (dem päpstlichen) Perugia. Eine einjährige Gefangenschaft in der dunklen Verließen von Perugia brachte einen geistigen Wandel im Leben des Zwanzigjährigen. Franz erkannte, dass es im Leben noch etwas „anderes" geben musste als Reichtum und leibliche Genüsse, fröhliche Geselligkeit und Tafelfreuden.

Aber worin bestand dieses „andere"? In seiner Ratlosigkeit pilgerte Franz nach Rom. Hier war er fasziniert von der Verehrung, die man Jesus Christus entgegenbrachte. Doch noch wusste er nicht, wie er sein Leben gestalten sollte. Trotzdem kehrte er irgendwie „gestärkt" und „frei" von seiner Pilgerreise nach Assisi zurück.

Im Jahr 1205 kam dann das entscheidende Erlebnis: Franz betete in dem kleinen verfallenen Kirchlein San Damiano unterhalb von Assisi. Plötzlich hörte er, wie Christus vom Kreuz herab zu ihm sprach: „Franz, stelle mein verfallenes

Haus wieder her!" Franz schaute sich um. Die kleine Kirche von San Damiano war wirklich in einem erbärmlichen Zustand. Das wollte er gern mit all seiner Kraft ändern.

Franz nahm die vom Kreuz her gehörte Aufforderung des Herrn wörtlich. Er ging hin, verkaufte zahlreiche Tuchballen seines Vaters auf dem Markt in Foligno und übergab den Erlös dem Pfarrer von San Damiano, damit er die kleine Kapelle wiederherrichten konnte. Auch er selbst legte Hand mit an, um das Kirchlein wiederaufzubauen.

Pietro Bernardone war wütend auf seinen Sohn. Er forderte Franz auf, den Kaufpreis zurückzugeben, oder er müsse auf sein Erbe verzichten. Franz gab alles zurück und verzichtete zusätzlich noch auf das Erbe. Er trennte sich von seiner Familie mit den Worten: „Bis heute nannte ich Pietro Bernardone meinen Vater, von nun an sage ich nur noch: Vater unser, der du bist im Himmel ..."

Franz entledigte sich auf dem Marktplatz von Assisi vor den Augen des Bischofs und einer großen Menschenmenge seiner Kleider. Nackt rannte er aus der Stadt Assisi heraus. Es war sein Abschied von der Gesellschaft. Jetzt war er ganz frei: Frei vom Besitz, frei von der Zugehörigkeit zu einer Familie, frei vom Ansehen der Menschen. Frei, weil er ganz Gott und der Kirche gehören wollte. Jetzt wusste er, dass er sein bisheriges Leben auf lauter Nebensächlichkeiten aufgebaut hatte.

Sr. M. Christina Mülling OSF schreibt in ihrem mit Sr. M. Sigmunda May OSF herausgegebenen Buch „Spurensuche" (Mit Franziskus die Melodie Gottes erlauschen): „Der Auszug aus der Stadt mit ihren Gesetzen und Prägungen, aus den Festlegungen und Familienbanden ist nun endgültig vollzogen. Von jetzt an fühlt er sich nur noch seinem Herrn verpflichtet und der Liebe zu den Menschen, besonders zu den Armen und Kranken."[2]

Der arme Jesus als Vorbild

Kurz darauf stieß Franz in dem damals noch kleinen Kirchlein San Maria degli Angeli in der Ebene unterhalb von Assisi auf die Worte der Schrift: „Wenn du vollkommen sein willst, geh, verkauf deinen Besitz und gib das Geld den Armen; so wirst du einen bleibenden Schatz im Himmel haben; dann komm und folge mir nach" (Mt 19,21) und: „Nehmt nichts mit auf den Weg, keinen Wanderstab und keine Vorratstasche, kein Brot, kein Geld und kein zweites Hemd" (Lk 9,3).

Jetzt wusste Franz, dass ihm sein Lebensweg aufgezeigt worden war. Der „Poverello", der Ärmste der Armen, war geboren. Franz, tief von den Worten der Schrift getroffen, legte seine Schuhe ab, zog sich eine braune Kutte an, schnürte sie mit einem Strick und begab sich als Bettler auf Wanderschaft. Überall, wohin er kam, predigte er das Evangelium der Armut und der Liebe. Der arme Jesus von Nazaret wurde sein Vorbild. Ihm wollte er so ähnlich werden wie nur möglich. Er wollte so leben wie er: ohne Besitz, gütig, gehorsam.

Franz kümmerte sich ab jetzt besonders um Arme und Kranke, und weil er nun kein Geld mehr hatte, das er ihnen geben konnte, ging er von Tür zu Tür und bettelte für sie. Einmal sagte er: „Wenn du einen Armen siehst, dann musst du Christus in ihm sehen." In den armen und kranken Mitmenschen wollte Franz dem Herrn selbst dienen (1 Cel 17).

Entscheidendes Kennzeichen für die geistige Wandlung, die sich in ihm vollzogen hatte, war seine Einstellung zu den Aussätzigen. Bisher hatte er sich von ihnen zurückgezogen. Jetzt wendete er sich ihnen fürsorgend und liebevoll zu. Und er durfte erfahren, dass sich die Bitterkeit ihres Leidens für ihn in Süßigkeit verwandelte.

Franz selbst hat diese Hinwendung zu den Aussätzigen mit folgenden Worten beschrieben: „So hat der Herr mir gegeben, das Leben in Buße zu beginnen: Denn, da ich in Sünden war, erschien es mir unerträglich bitter, Aussätzige anzublicken. Und der Herr selbst hat mich unter sie geführt, und ich habe ihnen Barmherzigkeit erwiesen. Und während ich fortging von ihnen, wurde mir gerade das, was mir bitter erschien, in Süßigkeit der Seele und des Leibes verwandelt" (Test 1–3).

Die Einwohner von Assisi hielten Franz für „verrückt" und „wahnsinnig". Die neue Lebensweise des Kaufmannssohnes erregte hei ihnen Spott und Gelächter. Die Straßenjungen warfen ihm Steine nach und bespuckten ihn. Die Eltern schämten sich für ihren Sohn. Bald aber änderte sich die Stimmung in der Bevölkerung. Die Menschen spürten den Ernst des Wandels, der sich in Franz vollzogen hatte. Sie schenkten ihm immer mehr Beachtung, wenn er landauf, landab in einfachen Worten vom Evangelium, vom Weg der Nachfolge, von der Liebe Gottes und von der Antwort auf diese Liebe sprach.

Immer mehr gleichgesinnte Gefährten

Bald schon schlossen sich Franz mehrere gleichgesinnte Gefährten an. Brüder aus allen sozialen Schichten (Kaufleute, Juristen, Priester, Bauern, Ritter) scharten sich um ihn, zum Beispiel der reiche Bernhard von Quintavalle, der demütige Riese Bruder Masseo, der einfältige Wacholder oder Juniper. Wie die Jünger Jesu zogen sie predigend durch Umbrien. Jeder hatte zuvor Armut geloben müssen. Das Ideal des späteren Bettelordens zeichnete sich ab.

Sr. M. Christina Mülling OFS schreibt: „Die gemeinsame Mitte der neuen Gemeinschaft, die die vielen verschiedenen Lebenswege verbinden und zusammenhalten soll, wird das Evangelium. Dem Wort Gottes wollen die Brüder in ihrem Leben Raum geben. Das Evangelium wird die Richtschnur für ihr Leben. Hier suchen sie Antwort auf all ihre Fragen. Durch das gelebte Wort Gottes soll Christus in ihnen Fleisch werden, soll die menschgewordene Liebe Gottes handgreiflich durch sie erfahrbar werden. Am Rande der alten Gesellschaft bilden sie die Keimzelle einer neuen Gesellschaft, die nicht mehr auf den Pfeilern von Konkurrenzdenken und Machtstreben aufgebaut ist, sondern auf Werten wie Gleichheit, Brüderlichkeit, Liebe und Friedem."[3]

Eigentlich lag die Gründung eines kirchlichen Ordens gar nicht in der Absicht des Franziskus. Ihm war es unvorstellbar, dass man sein Ideal der Armut in ein Kloster einsperren konnte. Zu seiner Zeit waren die Klöster nämlich sehr reich. Schließlich strömten jedoch so viele Menschen zusammen, die sich ihm anschlossen, dass eine feste Ordnung nötig wurde.

Im Jahre 1210 zog Franz mit zwölf Gefährten zu Papst Innozenz III. nach Rom und erhielt von ihm die Bestätigung der ersten einfachen Franziskaner-Regel (die später allerdings verloren ging). Dies war die eigentliche Geburtsstunde des Franziskanerordens. Die Lebensweise der kleinen Gemeinschaft bestand in einer unverkürzten Armut und in einem restlosen Vertrauen auf Gottes Güte und Liebe.

Zunächst allerdings hatte der Papst seine Zustimmung zur Ordensgemeinschaft wegen der ihm allzu streng erscheinenden Regel verweigert. In der Nacht nach der Audienz aber hatte der Papst einen Traum: Die Laterans-kirche schwankte in ihren Fundamenten und drohte einzustürzen, als ein unscheinbarer Mann hinzutrat und den Bau stützte. Der Papst erkannte in dem Helfer das Haupt der Brüder: Franziskus. Daraufhin gab er seine Zustimmung zur Ordensregel, erteilte der kleinen Gemeinschaft seinen Segen und die Brüder kehrten frohgemut mit ihrem Vater zurück nach Assisi.

Was der Papst in der Nacht geträumt hatte, war ein Bild: Nicht irgendeine steinerne Kirche in Rom drohte einzustürzen, sondern die ganze Kirche war krank und brüchig geworden. Überall gab es Streit, falsche Lehren und Lieblosigkeit. Politische Machtkämpfe tobten zwischen Kaiser und Papst – mit Kriegen, mit Gewalt und Mord. Viele Kreuzritter machten dem Kreuz keine Ehre und wüteten wild im Heiligen Land gegen alle, die keine Christen waren.

In dieser schlimmen Zeit schickte Gott einen Mann wie Franz von Assisi in die Welt, um die schwach gewordene Kirche zu retten und zu erneuern. Franz zog mit seinen Gefährten von Dorf zu Dorf, von Stadt zu Stadt und verkündete das Evangelium. Er sprach und sang von der Liebe Gottes und der Liebe zum Nächsten. Die Armut, der Verzicht auf Heim und Besitz sowie jedwede irdische Lebenssicherung, war das Herzstück seiner Frömmigkeit. Sie war seine Braut, die er liebte und die er hütete wie seinen Augapfel.

Franz, vom Ideal der Armut durchglüht, verschenkte alles, was er hatte. Seine Freunde, die sich ihm angeschlossen hatten, machten es genauso. Die Leute staunten und selbst der Bischof von Assisi fragte ihn eines Tages: „Du und deine Freunde, wollt ihr nicht wenigstens etwas besitzen?" Da antwortete Franz: „Wenn wir Besitz haben, dann brauchen wir auch Waffen, um das zu verteidigen, was wir haben. So entstehen alle Streitigkeiten und Kämpfe, die die Menschen daran hindern, Gott und ihre Mitmenschen zu lieben" (DreiGefLeg 35).

Karl Böck sagt dazu in seinem Werk „Menschen und Heilige": „Armut und Demut gaben ihm (Franziskus) eine ungeheure, ja unbegrenzte Freiheit. Nichts stand zwischen ihm und seinem Schöpfer, keine Familie, nicht Geld und Gut, nicht die Bedürfnisse und Wünsche des Leibes. Wenn es in dieser Weltzeit überhaupt einen vollkommen freien Menschen gegeben hat, so war es Franz von Assisi. Er ließ sich durch nichts und niemand hindern in der absolut freien Entscheidung für den Weg Jesu."[4]

Der Zustrom zu Franz und seiner Armutsidee kannte in der Folgezeit keine Grenzen mehr. Nach einigen Jahren schon umfasste der Orden 5.000 Brüder. Auch Frauen schlossen sich seiner Gemeinschaft an. Für Klara, einer jungen Frau aus einer angesehenen Familie in Assisi und einer treuen Gefährtin von Franz, gründete er im Jahr 1212 den weiblichen Zweig der Franziskaner, den Klarissenorden, auch „Zweiter Orden" genannt.

Der Bettelorden wuchs und wuchs. Von den Benediktinern hatte Franz das Kirchlein San Maria degli Angeli mit einem Stückchen Land geschenkt bekommen. Er nannte es „Portiuncula" (kleines Teilchen) und errichtete neben der Kirche ein Haus, das zum Stammkloster des Franziskanerordens wurde. Bald schwärmten von hier aus die Bettelmönche in die Welt hinaus und kündeten von der neuen Idee, die in Umbrien geboren worden war. Die Glieder des Ordens wurden zu „Armuts-, Demuts- und Liebesbausteinen" (Christina Mülling), mit denen die Kirche Christi neu aufgebaut werden sollte.

Franz selbst unternahm zahlreiche Predigt- und Missionsreisen: Im Jahre 1212 reiste er nach Dalmatien und von 1213 bis 1215 nach Spanien. Als ein vom Wort Gottes Getroffener drängte es ihn immer wieder, durch verschiedene Länder zu ziehen, um den Menschen die Liebe Gottes zu verkündigen. Vergeblich versuchte er im Jahre 1219, während des fünften Kreuzzuges, in der Stadt Damiette den ägyptischen Sultan el Malik el Kamil zu bekehren. Dieser spürte zwar die Echtheit und den Zauber der Persönlichkeit des Ordensmannes (und behandelte ihn respektvoll), erteilte aber seinem Anlieger, ihn zum christlichen Glauben zu bewegen, eine klare Absage.

Von einer der Missionsreisen, die Franz unternahm, erzählt die Legende diese Begebenheit: Einmal ging Franziskus auf seiner Missionreise zwischen Lombardien und der Marchia Tervisina den Po entlang und wurde von finsterer Nacht überfallen. Der Weg war sehr gefährlich wegen der nächtlichen Dunkelheit und wegen des Flusses und der Sümpfe. Da sprach der Begleiter zum Heiligen:

„Mein Vater! Bitte Gott, dass wir aus diesen Gefahren befreit werden!" Franziskus antwortete mit großer Zuversicht: „Mächtig ist Gott! Wenn es seiner süßen Liebe gefällt, kann er die Finsternis vertreiben und uns wohltätiges Licht gewähren." Kaum hatte er diese Worte gesprochen, wurden die beiden plötzlich durch höhere Kraft von einem so starken Licht umstrahlt, dass sie, obschon es sonst finstere Nacht war, durch dieses helle Licht nicht nur den Weg, sondern auch viele Gegenstände ringsumher sehen konnten. Von diesem Licht leiblich geführt und geistig gestärkt, legten sie, Loblieder zur Ehre Gottes singend, eine bedeutende Strecke Weges zurück und kamen wohlbehalten in der Herberge an.

Als der Andrang von Laien, auch von Verheirateten, zu den Franziskanern immer größer wurde, gründete Franz für sie im Jahr 1221 den so genannten „Dritten Orden", die Terziaren. Damit öffnete er einer weiteren Gruppe den Zugang zum „Orden der Minderen Brüder" oder, wie er auch genannt wurde, zum „Minoritenorden". Die neue Vereinigung bekam die Möglichkeit, so viel von den Regeln des Ordens zu erfüllen, wie es in ihrem Weltstand neben dem Leben in der Familie und im Beruf möglich war.

Im November 1223 bestätigte Papst Honorius III. eine neue Ordensregel, genannt „die Endgültige". Darin hieß es unter anderem: „Alle Brüder sollen unserem Herrn Jesus Christus in seiner Demut und Armut folgen. Und sie sollen daran denken, dass wir von der ganzen Welt nichts brauchen – außer, wie der Apostel sagt, Nahrung und Kleidung: damit wollen wir zufrieden sein (1 Timotheus 6,8)."

Franz sah in allen Gütern und Werten dieser Welt Hindernisse und Gefahren für eine volle Hingabe des Menschen an die Welt Gottes. Für ihn waren die Worte Jesu buchstäblich zu erfüllende Anweisungen für sein Leben: „Die Füchse haben ihre Höhlen und die Vögel ihre Nester; der Menschensohn aber hat keinen Ort, wo er sein Haupt hinlegen kann" (Lk 9,58). – „Wenn jemand zu mir kommt und nicht Vater und Mutter, Frau und Kinder, Brüder und

Schwestern, ja sein Leben sogar gering achtet, dann kann er nicht mein Jünger sein" (Lk 14,26). – „Ihr könnt nicht beiden dienen, Gott und dem Mammon" (Lk 16,13).

Dazu passt folgende kleine Begebenheit: Eines Tages trafen Franz und seine Brüder auf ihrer Wanderung auf dem Marktplatz eines kleinen Bergdorfes ein. Dort sahen sie einen Bauern, der einen Steinwurf von seiner Hütte entfernt mit einem störrischen Maultier sein Feld bestellte. „Lass uns bei dir arbeiten", bat Franz den Bauern. Diesem kam die unerwartete Hilfe zur rechten Zeit. Zuerst pflügten die Brüder die ausgetrocknete Erde, säten das Feld ein und versorgten dann das Vieh im Stall.

Währenddessen lief Franz mit einem Besen in die nahegelegene Kirche, um dort den unsauberen Boden zu fegen. Denn es schmerzte ihn sehr, wenn er sah, dass eine Kirche nicht so rein war, wie er es wünschte. Als er zu den anderen zurückkam, drückte der dankbare Bauer gerade jedem der Brüder einen Kreuzer zum Lohn in die Hand.

„Nein!", rief Franz zu dem Bauern. „Auf keinen Fall dürfen wir für unsere Arbeit Geld annehmen. Wer nach Geld verlangt oder es für wertvoller hält als diese Steine auf dem Boden, wird leicht verblendet. Um Geld sollen wir uns darum genauso viel kümmern wie um den Staub, den wir mit den Füßen treten. Keiner der Brüder soll, wo immer er steht oder geht, Geld oder Münzen aufheben oder annehmen oder für sich annehmen lassen. Wenn Ihr uns für unsere Arbeit belohnen wollt, so schenkt uns für heute Mittag ein Stück Brot und etwas gegen den Durst."

Liebe zu allen Geschöpfen

Was Franz, der selbst Diakon blieb, auszeichnete, war seine unerschöpfliche Liebe zu allen Geschöpfen. Er liebte die Menschen, besonders die Armen und Kranken, und kümmerte sich um sie. Er liebte die Tiere und predigte zu ihnen. Seine Empfindungen drückte er in wunderbaren Gedichten und Briefen aus. Man denke nur an den berühmten „Sonnengesang". Noch heute wird dieses Loblied auf die gesamte Schöpfung gerne gebetet oder gesungen.

Wie sehr Franz von Assisi die Tiere liebte, erzählt eine kleine Legende: Bei seiner Zelle in Portiuncula saß eine Grille, die durch ihren Gesang Franziskus, der auch in kleinen Dingen des Schöpfers Herrlichkeit zu bewundern gelernt hatte, oftmals zum Lobe Gottes einlud. Eines Tages rief er sie und sie kam, wie vom Himmel unterrichtet, auf seine Hand geflogen. Der Heilige sprach zu ihr: „Singe, meine Schwester Grille, und preise den Herrn, deinen Schöpfer, mit deinen Jubelliedern!" Ohne Zögern fing sie an zu singen und hörte nicht eher auf, bis sie auf Befehl des Heiligen an ihren Platz zurückflog, wo sie acht Tage blieb und mit Kommen, Singen und Gehen ihm zu Willen war. Endlich sagte er zu seinen Genossen:

„Geben wir jetzt unserer Schwester Grille Urlaub, denn schon lange genug hat sie uns vergnügt und acht Tage lang zum Lobe Gottes angetrieben." Sobald sie beurlaubt war, entfernte sie sich und wurde dort nie wieder gesehen, als ob sie sein Gebot nicht im Geringsten zu übertreten wagte (nach 2 Cel 171).

Franz konnte es nicht leiden, wenn jemand nicht gut mit den Tieren umging. Wenn er unterwegs auf dem Weg einen Wurm sah, dann setzte er ihn an den Wegrand, damit er nicht zufällig von den Menschen zertreten werde. Er kaufte einem Bauern Lämmer ab, die der zum Schlachten verkaufen wollte. Er befreite Tauben, die sich im Netz des Jägers verfangen hatten, und ließ sie wieder frei. Die Tiere waren für ihn Geschöpfe Gottes, die er liebte und besonders gut behandeln wollte.

Eines Tages war Franz mit einigen seiner Brüder in der Umgebung von Assisi unterwegs. Auf einem Baum, an dem sie vorbeikamen, entdeckten sie viele verschiedene Vögel. Als Franz unter dem Baum stehen blieb, flogen die Vögel plötzlich auf und ließen sich auf dem Boden, zu Füßen des Heiligen, nieder. Da sagte Franz zu den Vögeln, die ihm still und aufmerksam zuhörten:

„Vögel, ihr meine lieben Geschwister! Ihr sollt immer und überall Gottes Lob singen. Er hat euch die Freiheit geschenkt. Ihr könnt fliegen, wohin ihr wollt. Ihr habt ein schönes Federkleid. Ihr findet euer Futter. Ihr habt Flüsse und Bäche, um daraus zu trinken. Ihr findet Bäume und Sträucher, um eure Nester darin zu bauen. Seid dankbar und vergesst nie, mit eurem wunderbaren Gesang Gott zu loben" (Fior 16; vgl. 1 Cel 58).

Als Franz so geredet hatte, reckten die Vögel ihre Hälse, öffneten ihre Schnäbel und spannten ihre Flügel. Es sah so aus, als ob sie ihm sagen wollten, dass sie ihn verstanden hätten. Dann segnete Franz die Vögel und machte über sie das Kreuzzeichen. Die Vögel erhoben sich in die Luft und flogen davon.

Franziskus liebte Gottes wunderbare Schöpfung über alles. Alle Geschöpfe, selbst die unbelebte Natur, sind dem Heiligen „Brüder" und „Schwestern". So heißt es zum Beispiel in der zweiten und dritten Strophe des „Sonnengesangs" (die restlichen Strophen finden sich im Kapitel „Gebete des Heiligen"):

„Gelobt seist Du, Herr,
mit allen Wesen, die Du geschaffen,
der edlen Herrin vor allem, Schwester Sonne,
die uns den Tag heraufführt und Licht spendet,
mit ihren Strahlen, die Schöne,
gar prächtig in mächtigem Glanze:
Dein Gleichnis ist sie, Erhabener.

Gelobt seist Du, Herr,
durch Bruder Mond und die Sterne.
Durch Dich sie funkeln am Himmelsbogen
und leuchten köstlich und schön." (Sonn)

Franz von Assisi hatte ein großes Herz für das ganze vielfältige Leben auf der Erde. Dazu gehörten auch die vielen Pflanzen, Bäume, Kräuter und Blumen. Er bewunderte ihre Formen und Farben. Wenn die Klosterbrüder Bäume fällter, verbot er ihnen, die Bäume ganz unten abzuschlagen. Sie mussten einen ordentlichen Baumstumpf stehen lassen, damit aus ihm wieder neue Zweige sprießen konnten. Auch verbot er ihnen, Unkraut, Feldblumen und Kräuter herauszureißen. Alle Pflanzen sollten wachsen können und ihren wichtigen Platz in der Welt behalten dürfen.

Thomas von Celano schreibt: „Wenn er (Franziskus) eine große Anzahl von Blumen fand, predigte er ihnen und lud sie zum Lob des Herrn ein, gleich als ob sie vernunftbegabte Wesen wären. So erinnerte er auch Saatfelder und Weinberge, Steine und Wälder und die ganze liebliche Flur, Luft und Wind in lauterster Reinheit an die Liebe Gottes und mahnte sie zu freudigem Gehorsam" (1 Cel 81).

Der Sonnengesang gehört zu den schönsten Loblliedern auf Gottes wunderbare Schöpfung. In ihm hat Franz von Assisi seine große Freude und tiefe Dankbarkeit gegenüber Gott zum Ausdruck gebracht. Franz Josef Kröger, selbst Angehöriger des Franziskanerordens, hat dem Sonnengesang des Franziskus in seinem Buch „Hellleuchtend und schön" (Kevelaer 2003) nachdenkenswerte Texte gewidmet und lädt den Leser mit besinnlichen Gedanken und schönen Bildern dazu ein, in den Lobpreis des Heiligen einzustimmen.

Abbild des Gekreuzigten

Für sich selbst sah Franz sein Leben lang nur ein Ziel: Er wollte Christus immer ähnlicher werden. Am 24. September 1224 kam er in der Tat seinem Herrn näher als je zuvor: Während einer tiefen Ekstase auf dem Berg bei La Verna (Norditalien) empfing Franz die Wundmale (Stigmata) Jesu Christi.

In einer Erscheinung neigte sich der Gekreuzigte in Gestalt eines Seraphim, von sechs Flügeln bedeckt, Franz liebevoll zu und prägte ihm die Wundmale an Händen, Füßen und der Seite ein. Der heilige Bonaventura (1217/18–1274), der Augenzeuge war, hat eine ausführliche Schilderung davon gegeben. Es war die erste mit Sicherheit bezeugte Stigmatisation überhaupt.

Thomas von Celano, der ausführlich über „Leben und Wunder des hl. Franziskus von Assisi" (Kevelaer 2001) berichtet hat, schreibt: „Immer war er (Franz) mit Jesus beschäftigt, Jesus trug er stets im Herzen, Jesus im Munde, Jesus in den Ohren, Jesus in den Augen, Jesus in den Händen, Jesus in seinen übrigen Gliedern. Und weil er in wunderbarer Liebe immer Jesus Christus, und zwar den Gekreuzigten, in seinem Herzen trug, wurde er auch mit seinen Zeichen so herrlich gezeichnet" (1 Cel 115).

Hatte Franz von Assisi in San Damiano das Kreuz noch vor sich, so trägt er es seit La Verna nun in sich. Er ist durch den Empfang der Wundmale Jesu Christi zu einem „Abbild des Gekreuzigten", zu einem „gekreuzigten Menschen" geworden. Angelus Silesius (1624–1677), der schlesische Mystiker und Dichter, hat Recht, wenn er sagt: „Du wirst in das verwandelt, was du liebst."

Durch die viele Arbeit, besonders durch die unermüdliche und schwere Missionstatigkeit, war Franz ein kranker Mann geworden. Er verlor mehr und mehr das Augenlicht und grausame Gliederschmerzen ließen ihn immer unbeweglicher werden. Außerdem quälten ihn schwere Magen- und Leberschmerzen. Dennoch klagte er nicht, sondern nannte die Krankheiten „seine lieben Schwestern" und den nahenden Tod „seinen Bruder". Im „Sonnengesang" schreibt der Heilige:

„Gelobt seist Du, Herr,
durch unsern Bruder, den leiblichen Tod;
ihm kann kein lebender Mensch entrinnen.

Wehe denen, die sterben in schweren Sünden!
Selig, die er in Deinem heiligsten Willen findet!
Denn sie versehrt nicht der zweite Tod." (Sonn)

Wie Franziskus in den Tagen vor seinem Sterben den Tod als seinen Bruder willkommen hieß, beschreibt Thomas von Celano, der erste Biograf des seraphischen Heiligen († 1260), mit folgenden Worten: „Er (Franz) benützte die wenigen Tage, die bis zu seinem Heingang noch übrig waren, zum Lobe Gottes und forderte seine geliebten Gefährten auf, mit ihm Christus zu loben. Er selbst aber brach, so gut er konnte, in diesen Psalm aus: ‚Mit meiner Stimme rufe ich zum Herrn, mit meiner Stimme flehe ich zum Herrn.' Er lud auch alle Geschöpfe zum Lobpreis Gottes ein und durch Worte, die er einstens gedichtet, forderte er sie auf zur Liebe Gottes. Ja, sogar den Tod persönlich, allen schrecklich und verhasst, forderte er auf zum Lobpreis. Fröhlich ging er ihm entgegen und lud ihn ein zu Gast: ‚Sei willkommen, mein Bruder Tod!'" (2 Cel 217).

Dann schrieb Franz sein Testament. In diesem hielt er Rückblick auf sein Leben, vor allem auf die vielen Gnaden, die er empfangen hatte. Er dankte Gott für seinen Glauben an die Kirche, für den großen Glauben an die Priester, die trotz ihrer Fehler den Leib Christi gegenwärtig zu setzen berufen sind. Er dankte Gott für die Brüder, die er ihm gegeben hatte. Ihnen band er die heilige Armut auf die Seele. Desgleichen den Gehorsam gegen ihre Ordensoberen. „Gleich wie der Herr mir verlieh, einfach und einfältig die Regel und diese Worte zu sagen und zu schreiben, so müsst ihr sie auch einfach und einfältig und ohne Auslegung verstehen und sie im heiligen Wandel bis ans Ende befolgen."

Tod im Alter von 44 Jahren

Am 3. Oktober 1226 starb Franz von Assisi im Alter von 44 Jahren auf dem blanken Fußboden in seiner Zelle in Portiuncula, während er mit letzter Kraft seinem Herrn ein Loblied sang. Der Tod war für ihn nicht das Ende, sondern der Anfang dessen, was er sich ersehnt hatte, „die Pforte zum Leben" (2 Cel 217). Die Beisetzung fand in der Kirche San Giorgio statt. Fortan ereigneten sich zahlreiche Wunder an der Grabstätte, wodurch Gottes große Güte in seinem Diener Franziskus allen Menschen sichtbar wurde.

Man hat gesagt, Sterben sei eine Kunst, und zwar die größte Kunst, weil gleich der erste Versuch das Meisterstück sein muss. Wer aber war ein größerer Meister des Sterbens als Franz von Assisi? Ein Meister des Sterbens konnte er jedoch nur werden, weil er ein Meister des Lebens war, weil sein ganzes Leben ein beständiges Streben nach Verähnlichung mit Jesus Christus war.

Leo Wolpert schreibt in diesem Zusammenhang: „Franziskus war jener Heilige, der Jesu Worte und Vorschriften nicht bloß dem Sinne nach, sondern buchstäblich zu befolgen suchte und der seinem Heiland so ähnlich ward, dass er sogar äußerlich dessen Wundmale an sich trug. Sein Leben war eine immer innigere Vereinigung mit Jesus und eine immer vollständigere Loslösung von allem Irdischen, ‚ein tägliches Sterben' (1 Kor 15,31). Er konnte mit dem heiligen Paulus sagen: ‚Christus ist mein Leben und Sterben mein Gewinn' (Phil 1,21)."[5]

Schon zwei Jahre nach seinem Tod erfolgte am 16. Juli 1228 die Heiligsprechung des „Poverello" durch Papst Gregor IX. Vor einer großen Volksmenge, vor Kardinälen und Königen verkündete der Papst, dass Franz von Assisi in die Zahl der Heiligen aufgenommen worden sei. Sein Leib wurde in die neu erbaute Basilika San Francesco überführt. Assisi ist seitdem das Ziel ungezählter Pilger aus allen Ländern der Welt.

Vera Schauber und Hanns Michael Schindler schreiben in ihrem Buch „Heilige und Namenspatrone im Jahreslauf": „Hunderttausende strömen Jahr für Jahr in das mittelalterliche Städtchen Assisi unter dem Monte Subasio ... Sie stehen ergriffen in der einzigartig schönen Basilika S. Francesco ..., steigen hinunter in die Unterkirche und von dort noch einmal hinab in die Krypta, in der sich das Grab von Franziskus befindet. Was mag in dem Brautpaar vorgehen, das hier im Angesicht des Franziskus-Schreines in der Grabkapelle die Ringe wechselt? Was empfinden die Eltern, die hier ihr neugeborenes Kind taufen lassen?"[6]

„Ein Heiliger im allerhöchsten Sinn"

Über Franz von Assisi, der seit 1939 als Hauptpatron Italiens verehrt wird, gäbe es noch viel zu erzählen. Seine außergewöhnliche Lebensgeschichte ist geradezu unerschöpflich. Am Schluss dieses Kapitels soll ein Wort des Theologen und Religionsphilosophen Romano Guardini (1885–1968) stehen, der einmal Franz von Assisi folgendermaßen beschrieben hat:

„Er ist ein Heiliger im allerhöchsten Sinn des Wortes. Sobald wir aber sagen wollen, worin sein Besonderes besteht, werden wir verlegen. Wir heben diesen oder jenen Zug heraus, etwa die Liebe oder die Armut, und fühlen, dass damit nichts gesagt ist; dann wieder kommt es uns vor, als ob er nicht ein Heiliger unter anderen, sondern der Heilige schlechthin sei – bis uns eines Tages klar wird, woher diese seltsame Verlegenheit kommt: Sein besonderes Charisma besteht darin, an Jesus zu erinnern."

Franz ist der Mann, „der an Jesus erinnert". Er ist heute geistig noch immer unter uns. Er ist ähnlich lebendig wie sein Meister, der seiner Kirche versprochen hat, bei ihr zu bleiben „alle Tage bis zum Ende der Welt" (Mt 28,20).

Franziskus in der Legende

Um Franz von Assisi als einen der populärsten Heiligen, die Gott der Welt geschenkt hat, haben sich zahllose Legenden gebildet. Sie umranken sein kurzes Leben gleichsam wie anmutige, nie welkende Blüten. Die „Blümelein des heiligen Franziskus" (Fioretti), die „Dreigefährtenlegende", der „Spiegel der Vollkommenheit", die „Legenda Perusina" und auch viele Volkslegenden sind immer wieder schriftlich – und auch bildlich – festgehalten worden. Dieses Kapitel bietet eine kleine Auswahl besonders schöner und bedenkenswerter Legenden. Eine Sammlung zahlreicher Legenden findet sich auch in dem Buch „Bruder aller" von Franz Josef Kröger OFM (Kevelaer 2003).

Wie Franziskus 40 Tage auf einer Insel fastete

Als der heilige Franziskus einmal zur Fastnacht in der Nähe des Sees von Perugia im Hause eines ihm ergebenen Mannes war, bei dem er die Nacht beherbergt war, wurde ihm von Gott eingegeben, er solle auf eine Insel des besagten Sees gehen und dort die Fastenzeit halten.

Der heilige Franziskus bat also seinen getreuen Freund, er möge ihn um der Liebe Christi willen mit seinem Boot auf eine Insel des Sees bringen, auf der kein Mensch wohnte. Dies solle er in der Nacht auf den Aschermittwoch tun, damit es niemand merke. Wegen seiner großen Verehrung für den heiligen Franziskus erfüllte er ihm getreulich seine Bitte und brachte ihn auf die Insel. Der heilige Franziskus aber nahm nichts mit sich außer zwei kleine Brote.

Als sie auf der Insel angelangt waren und der Freund sich aufmachte, nach Hause zurückzukehren, bat ihn der heilige Franziskus inständig, niemandem mitzuteilen, dass er sich hier aufhalte, und auch selbst nicht vor dem

Gründonnerstag zu ihm zu kommen. Und so fuhr jener ab, der heilige Franziskus aber blieb allein zurück.

Da es dort keine Behausung gab, in die man sich hätte zurückziehen können, kroch er in eine dichte Hecke, die viel Schlehdorn und Buschwerk hatte und so etwas wie eine kleine Hütte oder einen Unterschlupf bildete. An diesem Ort widmete er sich dem Gebet und der Betrachtung himmlischer Dinge. Er verweilte dort die ganze Fastenzeit, ohne etwas zu essen und zu trinken außer der Hälfte eines der zwei kleinen Brote.

Dies stellte nämlich jener Freund fest, als er am Gründonnerstag zu ihm zurückkehrte und von den zwei Broten ein ganzes und die Hälfte des anderen vorfand. Die andere Hälfte, so meint man, habe der heilige Franziskus aus Ehrfurcht vor dem Fasten Christi, des Gebenedeiten, gegessen, der vierzig Tage und vierzig Nächte fastete, ohne irgendeine materielle Speise zu sich zu nehmen. Mit jenem halben Brot trieb er das Gift der Selbstüberhebung aus, und dann fastete er nach dem Beispiel Christi vierzig Tage und vierzig Nächte. (Fior 7)

Wie er einer alten Frau seinen Mantel schenkte

In Celano war's zur Winterzeit. Da trug der heilige Franziskus ein Tuch, nach Art eines Mantels umgeworfen, das ihm ein Freund der Brüder aus Tivoli geliehen hatte.

Als er im Palast des marsikanischen Bischofs weilte, begegnete ihm ein altes Weib und bat ihn um ein Almosen. Auf der Stelle löste er das Tuch vom Hals und schenkte es, obwohl es ihm nicht gehörte, der armen Alten mit den Worten: „Geh hin und mache dir ein Gewand; denn du hast es wirklich nötig."

Die Alte lachte ihn an, und ganz verdutzt – ob vor Schrecken oder Freude, ich weiß es nicht – nahm sie das Tuch aus seiner Hand. Eiligst lief sie davon, und damit nicht eine

Verzögerung die Gefahr der Rückforderung nach sich zöge, durchschnitt sie es mit einer Schere. Da fand sie aber, dass das zerschnittene Tuch für ein Kleid nicht ausreiche. Weil sie das erste Mal seine Güte erfahren hatte, kehrte sie zum Heiligen zurück und gab zu verstehen, dass das Tuch nicht reiche.

Da richtete der Heilige seine Augen auf seinen Begleiter, der ebenfalls ein solches Tuch um die Schultern trug, und sagte zu ihm: „Bruder, hörst du, was die Arme da sagt? Um der Liebe Gottes willen wollen wir die Kälte ertragen; gib der Armen dein Tuch, damit es zu einem Kleid reicht!" Er hatte das seine gegeben, der Gefährte schenkte es auch, und so blieben beide halb entblößt zurück, nur damit die Alte sich kleiden konnte. (2 Cel 86)

Wie er das Neue Testament verschenkte

Einst kam die Mutter zweier Brüder zum Heiligen und bat ihn vertrauensvoll um ein Almosen. Der heilige Vater hatte Mitleid mit ihr und sprach zu seinem Vikar, Bruder Petrus Cathanii: „Können wir unserer Mutter ein Almosen geben?" Die Mutter eines Bruders nannte er nämlich seine und aller Brüder Mutter.

Bruder Petrus gab ihm zur Antwort: „Im Hause ist nichts übrig, was man ihr geben könnte. Doch", fügte er hinzu, „haben wir ein Neues Testament, aus dem wir, weil wir kein Brevier haben, zur Matutin die Lektionen lesen."

Da forderte ihn der selige Franziskus auf: „Gib das Neue Testament unserer Mutter! Sie soll es verkaufen um ihrer Not willen; denn eben dieses Buch mahnt uns, den Armen zu Hilfe zu kommen. Ich glaube, dass es Gott mehr gefallen wird, wir verschenken es, als wir lesen daraus."

Man gab also der Frau das Buch, und so wurde das erste Neue Testament, das im Orden vorhanden war, aus solch heiliger Liebe verschenkt. (2 Cel 91)

Predigterlaubnis

Als er (Franziskus) eines Tages nach Imola kam, ging er zum Bischof der Stadt und bat ihn demütig, ob er mit seiner Erlaubnis das Volk zur Predigt zusammenrufen dürfe. Doch der Bischof gab ihm barsch zur Antwort: „Bruder, es genügt, wenn ich dem Volke predige."

In echter Demut neigte Franziskus sein Haupt und ging weg, kam aber nach einer knappen Stunde wieder. Als der Bischof ihn nun etwas erregt fragte, um was er schon wieder bitten wolle, gab er mit demütigem Herzen und demütiger Stimme zur Antwort: „Herr, wenn ein Vater seinen Sohn zu der einen Tür hinausweist, kommt er schicklich zur anderen wieder herein."

Von solcher Demut geschlagen, umarmte ihn der Bischof freudig und sprach: „Du und alle deine Brüder sollen künftig mit meiner allgemeinen Erlaubnis in meinem Bistum predigen dürfen, denn das verdient deine heilige Demut." (LegMaj VI,8)

Franziskus tanzt vor dem Papst

Als Franziskus einmal einer Ordensangelegenheit halber nach Rom kam, erfasste ihn brennendes Verlangen, vor Papst Honorius und den ehrwürdigen Kardinälen zu sprechen.

Darüber wurde Herr Hugo, der ruhmreiche Bischof von Ostia, der den Heiligen Gottes mit einzigartiger Liebe verehrte, von Furcht und Freude zugleich erfüllt, indem er den glühenden Eifer des Heiligen bewunderte und auf seine Einfalt und Reinheit sah. Aber er vertraute auf die Barmherzigkeit des Allmächtigen, die denen, welche ihn kindlich verehren, zur Zeit der Not niemals fehlt, und führte ihn vor den Papst und die hochwürdigen Kardinäle.

Als er nun vor diesen erlauchten Fürsten stand und Erlaubnis und Segen erhalten hatte, begann er ohne Zittern und Zagen zu reden. Und er sprach mit solch feuriger Begeisterung, dass er vor Freude nicht mehr an sich halten konnte.

Während er seine Worte aussprach, bewegte er die Füße wie zum Tanze, nicht aus Übermut, sondern weil er vom Feuer der göttlichen Liebe gleichsam glühte, und darum reizte er auch die Zuhörer nicht zum Lachen, sondern erzwang tiefen inneren Schmerz.

Staunend über die Gnade Gottes und den großen Freimut des Mannes, wurden ihrer viele im Herzen zerknirscht. (1 Cel 73)

Bekehrung der Räuber

Der heilige Franziskus ging einmal durch das Gebiet von Borgo San Sepolcro und kam an einem Burgflecken namens Monte Casale vorbei, als ein vornehmer und sehr zarter Jüngling daherkam und zu ihm sagte: „Vater, ich würde sehr gerne einer von euren Brüdern sein."

Der heilige Franziskus antwortete: „Mein Sohn, du bist jung, zart und vornehm. Du könntest vielleicht unsere Armut und raue Lebensweise nicht ertragen." Er aber sagte: „Vater, seid ihr nicht Menschen wie ich? Wie ihr dieses Leben also ertragt, so könnte es mit der Gnade Christi auch ich."

Dem heiligen Franziskus gefiel diese Antwort sehr, daher segnete er ihn, nahm ihn sogleich in den Orden auf und gab ihm den Namen Bruder Angelo. Dieser Jüngling erwies sich als so liebenswürdig, dass ihn der heilige Franziskus kurze Zeit darauf zum Guardian der Niederlassung von Monte Casale machte.

In jener Zeit hausten in der Gegend drei berüchtigte Räuber, die ringsum sehr viele Übeltaten verübten. Diese kamen nun eines Tages zur besagten Niederlassung der Brüder und baten den Guardian Bruder Angelo, er möge ihnen etwas zu essen geben. Der Guardian wies sie scharf zurecht und antwortete ihnen folgendermaßen: „Ihr Räuber und grausamen Männer, ihr schämt euch nicht, das zu rauben, was andere mühsam erarbeitet haben. Jetzt aber wollt ihr, frech und unverschämt, wie ihr seid, noch die Almosen verschlingen, die den Knechten Gottes geschickt wurden; ihr, die ihr es nicht wert seid, dass die Erde euch trägt, zumal ihr keinerlei Ehrfurcht habt, weder vor Menschen noch vor Gott, der euch erschuf. Kümmert euch um eure eigenen Angelegenheiten und lasst euch hier nicht wieder blicken!" Darüber waren sie sehr bestürzt und zogen mit großem Unmut ab.

Da kam gerade der heilige Franziskus von draußen zurück mit einer Tasche Brot und einem Krüglein Wein, das er und sein Begleiter sich erbettelt hatten. Als ihm der Guardian erzählte, wie er die Räuber fortgejagt hatte, wies ihn der heilige Franziskus heftig zurecht und sagte:

„Du hast dich sehr grausam benommen, denn die Sünder lassen sich eher durch Sanftmut zu Gott zurückführen als durch grausames Schelten. Deshalb sagt unser Meister Jesus Christus, dessen Evangelium wir zu beobachten versprochen haben, dass *nicht die Gesunden, sondern die Kranken den Arzt* brauchen und dass er nicht gekommen sei, die Gerechten, sondern die Sünder zur Buße zu rufen (Mt 9,12f). Deshalb hat er auch häufig mit ihnen gegessen. Weil du also gegen die Liebe und gegen das heilige Evangelium Christi gehandelt hast, befehle ich dir im heilige Gehorsam, sogleich diese Tasche mit Brot zu nehmen, die ich erbettelt habe, und dieses Krüglein Wein. Laufe eiligst hinter ihnen her, über Berg und Tal, bis du sie findest, und biete ihnen in meinem Namen dieses Brot und diesen Wein an. Dann knie dich vor ihnen nieder und bekenne demütig vor ihnen deine Schuld. Bitte sie darauf in meinem Namen, nichts Böses mehr zu tun, sondern Gott zu fürchten und dem Nächsten kein Leid mehr anzutun. Wenn sie dies tun wollen, dann verspreche ich ihnen, für ihre Bedürfnisse zu sorgen und ihnen regelmäßig zu essen und zu trinken zu geben. Wenn du ihnen dies demütig ausgerichtet hast, dann komm wieder hierher zurück."

Während nun der Guardian hinging, um den Befehl des heiligen Franziskus auszuführen, begab sich dieser ins Gebet und bat Gott, die Herzen jener Räuber zu erweichen und sie zur Umkehr zu bewegen. Der gehorsame Guardian holte sie ein, überreichte ihnen Brot und Wein und tat und sagte, wie der heilige Franziskus ihm aufgetragen hatte.

Wie es Gott gefiel, begannen diese Räuber, während sie das Almosen des heiligen Franziskus verzehrten, untereinander zu sagen: „Weh uns Elendigen und Unglückseligen! Welch harte Strafen der Hölle erwarten uns, die wir ausziehen, unsere Nächsten nicht nur zu berauben, zu schlagen und zu verwunden, sondern sogar zu töten. Und trotz so vieler Übeltaten und Verbrechen, die wir vollbringen, empfinden wir weder Gewissensbisse noch Gottesfurcht. Und siehe, da ist dieser heilige Bruder zu uns gekommen und hat wegen ein paar Worten, die er uns gerechterweise aufgrund unserer Bosheit gesagt hatte, seine Schuld vor uns bekannt. Obendrein hat er uns Brot und Wein und eine so großzügige Verheißung des heiligen Vaters gebracht. Wahrhaftig, diese Brüder sind Heilige Gottes, welche das Paradies verdienen. Wir aber sind Söhne der ewigen Verderbnis, welche die Strafen der Hölle verdienen. Jeden Tag vermehren wir unsere Verderbnis und wissen nicht, ob wir mit all den Sünden, die wir bis jetzt begangen haben, noch Erbarmen finden können bei Gott."

Während einer von ihnen diese und ähnliche Worte sprach, erwiderten ihm die anderen zwei: „Gewiss, du sagst die Wahrheit; aber siehe, was sollen wir jetzt tun?"

„Gehen wir zum heiligen Franziskus", sagte der eine, „und wenn er uns die Hoffnung schenkt, dass wir noch Erbarmen finden können bei Gott für unsere Sünden, dann wollen wir das tun, was er uns befiehlt, und so können wir unsere Seelen von den Strafen der Hölle befreien."

Dieser Rat gefiel den anderen, sie kamen alle drei darin überein, eilends zum heiligen Franziskus zu gehen, und sprachen also zu ihm: „Vater, wegen der vielen Verbrechen und Sünden, die wir begangen haben, glauben wir nicht mehr, Erbarmen zu finden bei Gott. Aber wenn du irgendeine Hoffnung hast, dass uns Gott doch in Erbarmen annimmt, dann sind wir bereit, das auszuführen, was du uns sagen wirst, und mit dir Buße zu tun."

Der heilige Franziskus aber empfing sie liebevoll und mit Güte, ermutigte sie mit vielen Beispielen und versicherte ihnen die Barmherzigkeit Gottes. Er versprach ihnen fest, das Erbarmen Gottes für sie zu erflehen, und zeigte ihnen, wie unendlich dieses sei; und wenn wir unendlich viele Sünden hätten, so sei doch die göttliche Barmherzigkeit größer, und nach dem Evangelium und dem heiligen Apostel Paulus sei Christus, der Gebenedeite, in diese Welt gekommen, um die Sünder wieder zurückzukaufen.

Aufgrund dieser Worte und ähnlicher Unterweisungen widersagten die drei Räuber dem Teufel und seinen Werken, der heilige Franziskus nahm sie in den Orden auf und sie begannen, viel Buße zu tun. Zwei von ihnen lebten nach ihrer Bekehrung nicht mehr lange und gingen in das Paradies ein.

Der dritte aber, der sie überlebte, dachte über seine Sünden nach und gab sich solcher Buße hin, dass er durch fünfzehn Jahre hindurch, abgesehen von der gemeinsamen Fastenzeit, die er zusammen mit den anderen Brüdern hielt, drei Tage in der Woche bei Brot und Wasser fastete. Er ging immer barfuß, war mit einem einzigen Habit bekleidet und legte sich nach der Matutin nicht mehr schlafen. Während dieser Jahre schied auch der heilige Franziskus aus diesem elenden Leben. (Fior 26)

Bruder Feuer

Als man ihn (Franziskus) bei seiner Augenkrankheit nötigte, sich heilen zu lassen, rief man in die Niederlassung einen Arzt. Dieser kam, brachte ein eisernes Instrument mit, um eine Ätzung vorzunehmen, und ließ es ins Feuer legen, bis es glühte. Aber der selige Vater ermutigte seinen Leib, der schon von Schauer geschüttelt wurde, und sprach das Feuer folgendermaßen an:

„Mein Bruder Feuer, herrlicher als die übrigen Dinge, kraftvoll, schön und nützlich hat dich der Allerhöchste geschaffen. Sei mir in dieser Stunde gewogen, sei höflich! Denn schon lange habe ich dich im Herrn geliebt. Ich bitte den großen Herrn, der dich geschaffen, er möge deine Hitze ein wenig kühlen, dass ich dein sanftes Brennen aushalten kann."

Nach vollendetem Gebet machte er über das Feuer das Kreuzzeichen und hielt sich dann ruhig bereit. Der Arzt nahm das weißglühende Eisen in die Hand; die Brüder machten sich auf und davon, von menschlichem Mitgefühl überwältigt; doch der Heilige bot sich fröhlich und freudig dem Eisen dar. Zischend drang das Eisen in das zarte Fleisch, und vom Ohr bis zu den Augenbrauen wurde nach und nach die Ätzung vollzogen.

Welchen Schmerz ihm jenes Feuer bereitete, bezeugen die Worte des Heiligen, der es am besten wissen muss. Als die Brüder nämlich, die geflohen waren, zurückkamen, sagte ihnen der Vater lächelnd: „Ihr Kleinmütigen und Schwachherzigen, warum seid ihr geflohen? In Wahrheit sage ich euch, ich habe weder die Glut des Feuers gespürt noch sonst einen Schmerz des Fleisches empfunden." Und zum Arzt gewandt, sagte er: „Wenn das Fleisch noch nicht genug geätzt ist, ätze noch einmal!"

Der Arzt, der bei ähnlichen Fällen ganz anderes erlebt hatte, pries dieses Gotteswunder mit den Worten: „Brüder, ich sage euch, ich habe heute wunderbare Dinge gesehen!" (2 Cel 166)

Wasser aus dem Felsen

Ein anderes Mal wollte sich der Gottesmann zu einer Einsiedelei begeben, um dort ungestört der Beschauung zu leben. Weil er sich schwach fühlte, ritt er auf dem Esel eines armen Mannes.

Da dieser in der Sommerhitze dem Diener Christi folgend den Berg hinanstieg, ermüdete er durch den weiten steinigen Weg und war von brennendem Durst völlig erschöpft. Flehentlich rief er darum dem Heiligen nach: „Ich sterbe vor Durst, wenn mich nicht bald jemand mit einem wohltuenden Trunk stärken kann!"

Da sprang der Gottesmann unverzüglich von seinem Esel, kniete sich auf die Erde nieder, streckte seine Hände zum Himmel und hörte nicht eher mit dem Beten auf, bis er sich erhört wusste.

Nach dem Gebet sprach er zu dem Manne: „Lauf zu jenem Felsen! Dort findest du die Wasserquelle, die zu dieser Stunde Christus in seiner Barmherzigkeit dir zum Trunk aus dem Felsen entspringen ließ."

Welch bewundernswerte Herablassung Gottes, die sich so bereitwillig zu seinen Dienern niederbeugt! Der durstige Mann trank Wasser, das durch die Kraft des Gebetes aus dem Felsen entsprang, und füllte seinen Becher an der Quelle aus hartem Gefels. Früher floss dort kein Wasser, und auch nachher war trotz sorgfältigen Suchens keines mehr zu finden. (LegMaj VII,12)

Der Wolf von Gubbio

Zu der Zeit, als der heilige Franziskus in der Stadt Gubbio weilte, tauchte in der Umgebung von Gubbio ein ungeheuer großer, schrecklicher und wilder Wolf auf, der nicht nur Tiere verschlang, sondern auch Menschen.

Aus diesem Grund befanden sich alle Bürger in Angst, weil der Wolf sich öfter auch der Stadt näherte. Wenn sie diese verließen, gingen sie immer bewaffnet, als ob sie in die Schlacht zögen. Aber auch mit alldem konnte man sich gegen ihn nicht verteidigen, wenn er einem allein begegnete. Aus Furcht vor diesem Wolf kam es so weit, dass keiner mehr wagte, die Stadt zu verlassen.

Der heilige Franziskus hatte deshalb Mitleid mit den Menschen der Stadt und wollte zu diesem Wolf hinausgehen, obwohl ihm die Bürger um jeden Preis davon abrieten. Er aber machte das Kreuzzeichen, setzte all sein Vertrauen auf Gott und ging mit seinen Gefährten zur Stadt hinaus.

Als den anderen Bedenken kamen, noch weiterzugehen, schlug der heilige Franziskus allein den Weg zu dem Platz ein, wo der Wolf hauste. Und siehe, als der Wolf die vielen Menschen sah, die gekommen waren, um dieses Schauspiel zu sehen, lief er mit offenem Rachen dem heiligen Franziskus entgegen.

Als er sich ihm so näherte, machte der heilige Franziskus das Kreuzzeichen über ihn, rief ihn zu sich und sagte: „Komm her da, Bruder Wolf! Im Namen Christi gebiete ich dir, weder mir noch irgendeinem Menschen etwas Böses zu tun."

Welch ein Wunder! Kaum hatte der heilige Franziskus das Kreuzzeichen gemacht, da schloss der schreckliche Wolf seinen Rachen und hielt seinen Lauf an. Und kaum hatte er den Befehl ausgesprochen, da kam der Wolf sanftmütig wie ein Lamm daher, warf sich dem heiligen Franziskus zu Füßen und legte sich hin.

Da sprach der heilige Franziskus zu ihm: „Bruder Wolf, du richtest viel Schaden an in dieser Gegend und hast bereits sehr schlimme Missetaten verübt, indem du die Geschöpfe Gottes ohne seine Erlaubnis vernichtet und getötet hast. Aber nicht nur Tiere hast du getötet und gefressen, sondern dich auch erkühnt, die Menschen, die nach dem Bilde Gottes geschaffen sind, zu töten und zu vernichten. Deshalb verdienst du als übelster Dieb und Räuber den Galgen, denn das ganze Volk schreit und schimpft gegen dich und das ganze Land hast du zum Feind. Ich will aber, Bruder Wolf, Frieden machen zwischen dir und ihnen, indem du sie nicht mehr angreifst; sie aber sollen dir jede vergangene Missetat vergeben, und weder Menschen noch Hunde sollen dir weiter nachstellen."

Auf diese Worte hin bezeugte der Wolf mit Gesten des Körpers und des Schwanzes, der Ohren und mit Kopfnicken, dass er das, was der heilige Franziskus sagte, annehmen und beobachten wolle.

Da sagte der heilige Franziskus: „Bruder Wolf, da es dir gefällt, diesen Frieden einzugehen und zu halten, verspreche ich dir, dafür zu sorgen, dass dir die Menschen dieser Gegend immer Nahrung geben, solange du lebst, sodass du keinen Hunger mehr zu leiden brauchst. Denn ich weiß sehr wohl, dass du aus Hunger all das Böse getan hast. Weil ich dir aber diese Gnade erwirken werde, will ich von dir, Bruder Wolf, dass du mir versprichst, niemals wieder irgendeinem Menschen oder Tier Schaden zuzufügen. Versprichst du mir das?"

Der Wolf gab durch Kopfnicken deutlich zu verstehen, dass er dies versprechen wolle. Darauf sagte der heilige Franziskus: „Bruder Wolf, ich will, dass du mir dieses Versprechen beglaubigst, sodass ich fest darauf vertrauen kann."

Als der heilige Franziskus die Hand ausstreckte, um die Beglaubigung entgegenzunehmen, hob der Wolf die rechte Tatze und legte sie ganz zahm auf die Hand des heiligen Franziskus. Auf solche Weise gab er ihm dieses Zeichen der Beglaubigung, zu dem er fähig war.

Dann sagte der heilige Franziskus: „Bruder Wolf, ich befehle dir im Namen Jesu Christi, jetzt unverzüglich mit mir zu kommen, damit wir hingehen, um diesen Frieden im Namen Gottes zu bekräftigen." Der Wolf ging gehorsam mit ihm wie ein sanftes Lamm, sodass sich die Bürger, die dieses sahen, äußerst wunderten und man von dieser Neuigkeit sofort in der ganzen Stadt wusste. Daher strömten alle Leute,

Groß und Klein, Männer und Frauen, Junge und Alte zum Platz, um den Wolf mit dem heiligen Franziskus zu sehen.

Als sich das ganze Volk dort versammelt hatte, erhob sich der heilige Franziskus und hielt ihnen eine Predigt. Unter anderem sagte er, dass Gott solches Unheil wegen der Sünden zulasse. Noch viel schlimmer aber als der Grimm des Wolfes, der nur den Leib zu töten vermag, sei das Feuer der Hölle, das für die Verdammten ewig dauert. Wie sehr müsste man daher den Rachen der Hölle fürchten, wenn schon der Rachen eines kleinen Tieres eine so große Menge in Angst und Schrecken hält. „Kehrt also um zu Gott, ihr Lieben, und tut angemessene Buße für eure Sünden. Dann wird Gott euch in der Gegenwart vom Wolf befreien und in der Zukunft vom Feuer der Hölle."

Nach der Predigt sagte der heilige Franziskus: „Hört, meine Brüder! Bruder Wolf, der hier vor euch ist, hat mir versprochen und mir dieses Versprechen beglaubigt, mit euch Frieden zu machen. Er wird euch auf keinerlei Weise mehr Böses antun, wenn ihr ihm versprecht, ihm jeden Tag das zum Leben Notwendige zu geben. Ich aber will für ihn als Bürge eintreten, dass er den Friedensvertrag unverbrüchlich halten wird." Darauf versprach das ganze Volk einstimmig, ihn regelmäßig zu verpflegen.

Der heilige Franziskus aber sagte vor allen Leuten zum Wolf: „Und du, Bruder Wolf, versprichst du, diesen Leuten gegenüber den Friedensvertrag zu halten, indem du weder Menschen noch Tieren noch irgendeiner Kreatur Leid zufügst?" Der Wolf ging in die Knie, senkte den Kopf und bezeugte, so gut er es vermochte, mit sanften Bewegungen des Körpers, des Schwanzes und der Ohren, dass er ihnen gegenüber den ganzen Vertrag halten wolle.

Der heilige Franziskus sagte: „Bruder Wolf, ich will, dass du mir auch jetzt vor dem ganzen Volk dieses Versprechen beglaubigst, wie du es mir vor dem Tor beglaubigt hast. Du sollst mich auch in meiner Bürgschaft, die ich für dich eingegangen bin, nicht betrügen." Da hob der Wolf die rechte Tatze und legte sie in die Hand des heiligen Franziskus. Aufgrund dieses Ereignisses und der anderen oben genannten Begebenheiten entstand beim ganzen Volk Bewunderung und Fröhlichkeit, sei es aus Verehrung für den Heiligen, sei es wegen der Neuheit des Wunders, sei es wegen der Friedens mit dem Wolf. So begannen alle, zum Himmel zu rufen und Gott zu loben und zu preisen, weil er ihnen den heiligen Franziskus gesandt hatte, der sie durch seine Verdienste aus dem Rachen dieser grausamen Bestie befreit hatte.

Der Wolf lebte darauf noch zwei Jahre in Gubbio und ging zahm zwischen den Häusern von Tür zu Tür, ohne irgendjemandem Leid anzutun und ohne dass man ihm solches zufügte. Er wurde von den Leuten freundlich gefüttert, und wenn er so auf dem Land oder zwischen den Häusern umherlief, bellte ihm kein einziger Hund nach.

Nach zwei Jahren schließlich starb Bruder Wolf an Altersschwäche. Die Bürger betrübten sich aber sehr darüber, denn wenn sie ihn so zahm durch die Stadt laufen sahen, erinnerten sie sich umso mehr an die Tugend und Heiligkeit des heiligen Franziskus. (Fior 21)

Von der Kraft des Gebetes

Ein andermal geschah es, dass der Abt des Klosters S. Giustino im Bistum Perugia dem heiligen Franziskus begegnete. Er stieg schnell vom Pferde und wechselte mit dem Heiligen einige Worte über das Heil seiner Seele. Beim Weggehen bat er ihn demütig um sein Gebet. Der heilige Franziskus antwortete ihm: „Gerne will ich beten, Herr!"

Als sich der Abt noch gar nicht weit vom heiligen Franziskus entfernt hatte, sagte der Heilige zu seinem Gefährten: „Warte ein wenig, Bruder, denn ich will mein Versprechen, das ich schuldig bin, einlösen." Denn er war es immer gewohnt, wenn er um sein Gebet gebeten wurde, es nicht auf die lange Bank zu schieben, sondern ein derartiges Versprechen sofort zu erfüllen.

Wie nun der Heilige zu Gott flehte, fühlte der Abt im Geiste plötzlich eine ungewohnte Wärme und eine bisher ungekannte Süße, sodass er in Verzückung geriet und ihm die Sinne gänzlich geschwunden zu sein schienen. Er hielt eine kleine Weile inne. Als er wieder zu sich gekommen war, erkannte er die Kraft des Gebetes des heiligen Franziskus. Er entbrannte daher von immer größerer Liebe zu dem Orden, und vielen Leuten erzählte er das Geschehnis als ein Wunder. (2 Cel 101)

Geschichten und Erzählungen

Die Geburt von Franziskus

Später, so um die Zeit, da man noch ein wenig wartet, bevor man die Lampe anzündet, kam aus einer dunklen Gasse ein alter Mann, gekleidet wie ein Pilger. Er war blind und man sah nur das Weiße seiner Augen. Aber ohne zu zögern, wie jemand, der über gesunde Augen verfügt, schritt er über den Platz des Heiligen Geistes schnurstracks auf das Haus zu, wo der Tuchhändler Peter von Bernardoni wohnte. Dieser hatte sich im vorigen Jahr mit einem adeligen Fräulein aus Südfrankreich vermählt.

Das Haus war schön und reich mit Säulen verziert. Der Pilger klopfte an die Tür, und während er wartete, zitterte sein Bart beim Beten. Er hielt die Hand auf wie ein Bettler. Die Dienstmagd, ein frisches, einfaches Mädchen vom Lande, machte hastig auf. Oben konnte man eine Frau schreien hören; aber bevor die Magd etwas sagen konnte, sprach der Blinde:

„Sage Frau von Bernardoni, dass sie in den kleinen Stall gehen soll. Das Kind kann nur dort geboren werden. So will es der Herr."

Darauf entfernte er sich wieder, die weißen Augen zum Himmel gerichtet. Die Magd war mit einem Satz oben und erzählte vor Freude so hastig, dass sie nach Atem schnappen musste, ein blinder Pater, mit einem Lichtkranz um den Kopf, wäre dagewesen, hätte einen schönen Gruß von Unserem Herrn überbracht und gesagt, dass das Kind im Stall geboren werden müsse.

Alle, die oben im Zimmer waren, der Arzt, die Hebamme, die Frau, die elend im Bette lag, und ein paar Freundinnen, hatten sofort eine große Ehrfurcht vor dem, was das Mädchen erzählte, denn alle waren sehr fromm, und der Arzt hatte sogar früher Pater werden wollen. Außerdem hatten sie es bis jetzt ohne Erfolg mit Heilmitteln, Gelübden und Gebeten versucht. Und die Frau hatte doch solche Schmerzen, während ihr Mann sich weit weg in Frankreich auf einer Geschäftsreise befand.

Was die Magd erzählte, war wie der Strohhalm, an dem sich ein Ertrinkender klammert. „Zum Stall!", sagte einer zum andern.

„Ja, zum Stall!", stöhnte die Frau, „denn ich habe so etwas geträumt ... Hatte der Pater keine Flügel?", fragte sie.

„Ganz gewiss", sagte die Magd, „aber ich habe sie nicht gesehen."

Mit viel Mühe wurde dann die Frau vom Arzt und der Hebamme die Treppe hinuntergeführt. Die Freundinnen folgten mit Tüchern und Wärmflaschen, und die Magd trug das kupferne Weihwasserfass.

Der kleine Zug verließ das Haus und bewegte sich durch den Garten, wo späte Septemberrosen blühten. In dem kleinen Stall, auf einem frischen Bürdel Stroh, beim Licht einer Kerze, wurde das Kindlein geboren, leicht wie ein Volkslied. Es war ein kleines, mageres Wesen.

„Nicht der Mühe wert, um so viel Umstände zu machen", sagte die Hebamme.

Das Kindlein war Franziskus. Es wurde in einem Stall geboren. Die Hebamme wusch es sofort, wickelte es ein und legte es neben die Mutter, die vor Müdigkeit und Wohlbehagen eingeschlafen war. Alle sahen verwundert auf das Kind.

„Wunderbar, höchst wunderbar", sagte der Arzt, und er blickte zum dunklen Dach hinauf.

Die Magd lachte und meinte: „Wie im Stall zu Betlehem."

„Aber ohne Ochsen und ohne Esel", sagte die Hebamme.

„Aber ein Engel war dabei", beharrte das Mädchen, „und er hat mit mir gesprochen, aber nicht mit euch", fügte sie hinzu.

„Wir wollen Gott danken", sagte der fromme Arzt und starrte fortwährend nach oben. Sah er vielleicht einen Stern durch eine Ritze im Dach? Er machte ein Kreuzzeichen. Alle schlossen sich an und beteten mit gefalteten Händen, aber die Magd kniete nieder vor der Krippe.

Felix Timmermans[7]

Franziskus bei den Aussätzigen

Weit vor den Mauern der Stadt, im Schatten der alten Kastanien, lag das Spital. Dort wohnten die Aussätzigen. Sie durften die Stadt nicht betreten, denn Aussatz war eine schwere Krankheit, keiner konnte sie heilen.

Die Kranken bekamen Beulen am ganzen Leib, die Beulen brachen blutig und stinkend auf. Mancher Kranken verfaulten die Hände und Füße, manche wurden blind. Aber sie halfen einander, jeder so gut, wie er konnte. Die noch gehen konnten, führten die Blinden. Die noch Hände hatten, gaben denen zu essen, die ohne Hände waren.

Franz hatte den Kranken immer Geld und Essen geschickt. Sie taten ihm leid. Aber noch nie war er selber zu ihnen gegangen. Ihm grauste zu sehr, er drehte den Kopf weg, er konnte das Elend nicht sehen. Wenn er an dem Spital vorüberritt, hielt er sich schnell die Nase zu

Diesmal aber gab er nicht Acht, wohin er ritt. Auf einmal hörte er jemanden schreien. Er hob den Kopf und sah: Da war das Spital. Vor dem Tor saß ein Kranker und bettelte: „Mitleid, junger Herr! Gib mir was!"

Franz nahm seinen Geldbeutel und warf ihn hinüber. Der Beutel fiel vor dem kranken Mann in den Staub. „Danke!", schrie der Mann. „Du guter Herr! Gott wird's dir tausendfach lohnen!" Er streckte die Arme aus, um den Beutel aufzuheben. Aber er konnte ihn nicht erreichen. Da rutschte er mühselig auf verstümmelten Beinen nach vorn. Franz sah, dass der Mann keine Füße mehr hatte.

„Warte!", rief Franz. Er stieg vom Pferd, lief hin und hob den Beutel auf. „Verzeih mir!", sagte Franz. Er legte den Beutel in die Hand des Mannes.

„Rühr mich nicht an, junger Herr!", rief der Kranke. „Du steckst dich an und wirst krank wie ich!"

Aber Franz hatte schon die Hand des Mannes in seine genommen, eine arme Hand mit blutenden Fingern, er sah auf sie nieder und sagte: „Das muss man verbinden!"

„Ich habe kein Wasser und kein Verbandszeug", sagte der Mann.

„Oh mein Gott!", rief Franz.

„Morgen", versprach er dem kranken Mann, „morgen komme ich wieder und bringe Verbandszeug und Wasser und helfe dir deine Wunden verbinden."

Franz schwang sich auf sein Pferd mit seinen gesunden Beinen, er fasste die Zügel mit seinen gesunden Händen, er trug ein weiches, schönes Gewand, Federn am Hut, und seine Stiefel waren gewiss die feinsten von ganz Assisi.

Franz schämte sich vor dem armen Mann. Er senkte den Kopf auf den Hals des Pferdes und weinte. Decke und Mähne wurden von Tränen nass. Das Pferd wusste den Weg. Es trug seinen Herrn nach Hause.

„Ich fürchte mich vor dem Spital", dachte Franz, „vor den Wunden und dem Gestank." Aber er belud sein Pferd mit Decken, Verbandszeug und Essen. Er ging ins Spital und arbeitete für die Kranken den ganzen Tag.

Am Abend stieg er müde zum Wald hinauf. Er fand eine kleine Kapelle, die Tür war nur angelehnt, er ging hinein, setzte sich auf eine wacklige Holzbank und ruhte sich aus. Hier war es dämmrig und still, vor dem Kreuz brannte kein Licht, aber Franz sah noch in dunklen Farben Jesus am Kreuz. Er sah und schaute und dachte nach, wer ärmer war, die im Spital ohne Hände und Füße oder der Mann am Kreuz, dessen Hände und Füße durchbohrt sind. Und Franz erinnerte sich, was Jesus gesagt hat: Was ihr dem geringsten meiner Brüder getan habt, das habt ihr mir getan.

„Ja, dann", sagte Franz verwundert zu Jesus am Kreuz, „ja dann habe ich dich heute ein wenig kennen gelernt. Ich habe für dich Wasser geschleppt und dich gebadet. Du hast es geschehen lassen und hast dich vor mir nicht geschämt. Ich hab deine Wunden verbunden, ängstlich und ungeschickt, und du hast danke gesagt trotz deiner Schmerzen. Ich hab für dich Suppe gewärmt und dich Löffel um Löffel gefüttert, und du hast folgsam gegessen wie ein Kind bei der Mutter. Dann warst du satt und hast mich gebeten, ich soll dir etwas von draußen erzählen, von der Stadt und den Leuten, und ich hab erzählt und die neuen Lieder gesungen, wie man sie jetzt von den Spielleuten überall hört. Du hast gefragt: Wirst du wiederkommen? Und ich hab es versprochen und werde dich, Jesus, morgen wieder ein bisschen näher kennen lernen!"

Lene Mayer-Skumanz[8]

Gottes Geschöpf

Der heilige Franziskus stand einmal mitten auf einem Weg. Die schweren Wagen, die während des Winters hier Holz abfuhren, hatten tiefe Spuren eingegraben. Von der höheren Wegkante bröckelte bei jedem Schritt heller Sand ab und fiel in diese Wagenspuren.

„Sieh hierher", sagte der Heilige zu einem Schäfer und deutete zu Boden. Da krabbelte in der Wagenspur ein kleiner Käfer. Er war ganz blank, blauviolett schillerte sein Rücken. Man konnte sehen, wie sich der kleine Käfer vergeblich mühte, aus der Vertiefung der Wagenspuren in die Höhe zu klettern. Immer, wenn es ihm ein Stückchen gelungen war, bröckelte ein feines Sandgeriesel nach, und das Tierchen rutschte aufs Neue herab.

„Siehst du ihn?", fragte der Heilige den Schäfer. „Es ist ein gewöhnlicher Mistkäfer", sagte der Schäfer verächtlich.

Der Heilige beobachtete schweigend das kleine Tier. Der Käfer hatte einen neuen Versuch gemacht, aus dem sandigen Schacht hinauszugelangen. Er war wieder abgerutscht und dabei auf den Rücken gefallen.

Nun lag er ganz hilflos da, die zappelnden Beinchen nach oben gestreckt. Da bückte sich der Heilige und drehte den kleinen Käfer um, sodass er wieder auf seinen Beinchen stand.

„Ihn habe ich gesucht", sagt er, „dieser kleine, plumpe Körper wäre nie wieder hochgekommen, der Sand hätte ihn begraben, er wäre elend verendet." Nun setzte der Heilige mit unendlich liebevoller Gebärde den kleinen Käfer mitten in einen blühenden Thymianbusch am Rande des Waldes.

„Ich dachte, es wäre ein gewöhnlicher Mistkäfer", sagte der Schäfer verwirrt. „Es ist Gottes Geschöpf", sagte der heilige Franziskus, und wieder strahlten seine Augen den Schäfer an, sodass dieser die seinen unwillkürlich zu Boden senkte.

„Es ist Gottes Geschöpf; und – o Mensch – was bist du?"

Gertrud von Le Fort[9]

Lobrede auf Franziskus

Einer der berühmtesten Prediger der Christenheit, Jacques-Bénigne Bossuet, hielt dem heiligen Franziskus mehrere hundert Jahre nach dessen Tod eine Lobrede. Bossuet war französischer Bischof, Theologe, Prediger und lebte von 1627 bis 1704. In seiner Lobrede heißt es unter anderem:

Das kleine Kind von Betlehem nannte Franziskus seinen Meister. Das rührte seine Seele, dass der arme König, als er zur Welt kam, kein Gewand gefunden hat, das seiner Größe würdig gewesen wäre, als das Gewand der Armut. „Meine liebe Armut", sagte er, „so niedrig auch nach der Meinung der Leute deine Herkunft ist, ich muss dich wertschätzen, seit mein Meister dich geehelicht hat."

Gewiss, Franziskus hatte Recht. Wenn ein König ein Mädchen von niederer Herkunft heiratet, so wird sie Königin. Man murrt eine Zeit lang, aber zuletzt anerkennt man sie doch. Sie ist geadelt durch die Ehe mit dem Fürsten. Ihr Adel geht auch auf ihre Familie: Ihre Verwandten bekommen die schönsten Ämter und ihre Kinder werden die Erben des Königreiches.

Also verhält es sich, nachdem der Sohn Gottes die Armut sich vermählt hat. Mag man noch so sehr widerstreben, sie ist geadelt und hochachtbar durch jene Verbindung. Seitdem sind die Armen die Vertrauten des Heilandes und die ersten Minister seines Reiches. Jesus selbst redete in der Bergpredigt zu den Reichen nur, um ihren Stolz zu bedrohen, hingegen zu den Armen sprach er: „Selig sind die Armen, denn ihrer ist das Reich Gottes."

Ihr Reichen scheint mir sehr arm im Vergleich mit Franziskus. Ihr könnt nie genug haben, da eure unordentlichen Begierden mehr noch aufzehren. Ihr braucht Geld für eure Bedürfnisse, für die Eitelkeit, für den Luxus, für die Vergnügen, um euch zu zeigen, für die Pracht, für tausend überflüssige Dinge. Dem heiligen Franziskus hingegen war nie ein Kleid zu armselig, eine Nahrung zu gering, dass er nicht vollkommen damit zufrieden gewesen wäre, selbst gern bereit, Hungers zu sterben, wenn es der Wille seines Vaters gewesen wäre.

Franziskus läuft durch alle Städte, Flecken, Dörfer und erhebt hoch die Fahne der Armut. Er fängt eine ganz neue Art von Handelsgeschäften an, den schönsten und gewinnreichsten Handel, den man sich denken mag. „Oh ihr", sprach er, „die ihr wünscht, jene einzige Perle des Evangeliums zu gewinnen, kommt, wir wollen in Verbindung miteinander treten. Verkauft alle eure Güter, gebt alles den Armen! Kommt mit mir, frei von allen weltlichen Sorgen!

Kommt, wir wollen Buße tun, wir wollen unsern Gott loben und ihm dienen in Einfalt und Armut!"

Wahrhaftig, dieser wundene Heilige war der unsinnigste Mensch nach der Weisheit der Welt, hingegen der weiseste, einsichtsvollste, besonnenste Mensch nach der Weisheit Gottes.

Jacques-Bénigne Bossuet[10]

Brief an Franziskus

Sehr verehrter heiliger Franz!

Ihren „Sonnengesang" kennt jeder. Ihre Gestalt ist dermaßen in himmlische Sphären entrückt, dass die Anziehungskraft der Erde Sie kaum noch tangiert, ist dermaßen in das Schicksal alles Irdischen verstrickt, als wäre so etwas wie Himmel die reinste Fantasie.

So ziehen Sie barfuß, unrasiert, mit Stab und Betteltasche ausgerüstet, in Sacktuch gekleidet, mit einem Bußgürtel umwunden, Liedern im Mund, Gottes allerkostbarsten Worten im Allerinnersten, den Wundmalen Christi an Händen und Füßen durch die Klöster der Franziskaner, Kapuziner und Klarissen, durch Zweite und Dritte Orden, durch Bücher, Altäre, Predigten, Traktate, Filme, Gespräche, Gebete, Geschichte.

Die Jahrhunderte vermochten Ihnen nichts anzuhaben. Vogelhändler, Goldfischzüchter, Umweltschützer, Waldbrüder, Asphaltindianer und Deltasegler suchen bei Ihnen den gemeinschaftlichen Nenner.

Das sprudelfrische und tannenhaft Immergrüne haben Sie dem allgemein Heiliggesprochenen voraus. Sie sind christlich zu beneiden. Heute gesuchter und verehrter denn je!

Um etwas Ordnung zu schaffen: Sie wurden 1181 oder 82 als Sohn des wohlbestofften Tuchhändlers Pietro Bernardone geboren. Ihr Vater war ein Pascha. Unter seinen Befehlen hatten sich alle zu ducken, unter seinen Wutausbrüchen alle zu zittern. Sie glichen mehr Ihrer Mutter, die von Frankreich kam, weichen Gemütes und musisch veranlagt war.

Zwischen dem harten Vater und der weichen Mutter war es für Sie schwer, eine Mitte zu finden. Was tat's! Sie verknallten mit Ihren leichtlebigen Kumpanen und Freundinnen Ihr Geld. Krankheit und Krieg, Armut und Aussatz in allen Hintergassen brachten Sie zur Vernunft.

Sie rissen aus allem, was Sie band an Geld, Geschäft, Dolce vita. Sie stellten sich auf die Seite der Kirche, der Armen, der Kranken, der Obdachlosen. Sie teilten das Leben mit ihnen. Sie lösten unter den jungen Leuten eine Bewegung aus, die seither ohne Vergleichbares in der Kirchengeschichte steht.

Der Papst konnte Sie, der Sonne, Mond und Sterne, Tiere, Bäume, Tod und Leben, Feuer und Wasser, Arme und Reiche, Sünder und Heilige seine Brüder und Schwestern nannte, nur noch der Welt zum Beispiel geben, indem er Sie heiligsprach: Sie, den Mindesten der Minderbrüder!

Eduard Imhof[11]

Verehrung und Darstellung

Nach der Gottesmutter Maria gehört Franz von Assisi zu einem der bekanntesten und beliebtesten Heiligen der Christenheit. Viele Menschen kennen seinen Namen und verehren ihn als einen Menschen, der Gott sehr liebte, mit jedem Menschen gut umging, sich überall um Frieden bemühte und ganz sorgsam mit der Natur und allen Tieren umging.

Der „Mann des Jahrtausends"

Von Franz von Assisi geht eine Faszination, eine Anziehungskraft, aus, die ihresgleichen sucht. Seit 800 Jahren hat er die Menschen bezaubert und in seinen Bann gezogen. Er gilt als „der menschlichste von allen Heiligen" und ist vom Time-Magazin zum „Mann des Jahrtausends" erklärt worden. Seine Verehrung ist allgegenwärtig – über die Grenzen der Konfessionen und Religionen hinaus.

Schon zu seinen Lebzeiten sind die Menschen Franziskus nachgelaufen und haben ihn als „Heiligen" verehrt. Selbst diejenigen, die ihn anfangs nach seiner Bekehrung einen „Irren" oder „Wahnsinnigen" nannten, haben später – vom religiösen Ernst seines Wandels überzeugt – ihre Meinung geändert und sind seine Anhänger bzw. „Sympathisanten" geworden.

Als einst Bruder Masseo Franziskus vom Gebet kommen sah, so erzählte man später im Kreise seiner Brüder, fragte er ihn: „Warum dir? Warum dir? Warum dir?" – Franziskus fragte zurück: „Was sagt Bruder Masseo da?" – „Die ganze Welt läuft dir nach", bekam er zur Antwort, „und alle wollen dich sehen, dich hören, dir gehorchen. Und doch bist du kein schöner Mann, bist auch nicht sehr gelehrt, nicht weise, nicht adelig. Wie kommt es dann, dass alle Welt zu dir eilt?"

In der Tat: Alle liefen Franziskus nach. „Wenn er in eine Stadt kam", so wird berichtet, „freute sich die Geistlichkeit, läuteten die Glocken, frohlockten die Männer und die Frauen freuten sich mit ihnen, die Knaben klatschten in die Hände, brachen Zweige von den Bäumen und zogen ihm entgegen."

Thomas von Celano schreibt: „Es liefen die Männer, es liefen die Frauen, es eilte der Klerus, es strömten die Ordensleute herzu, um den Heiligen Gottes zu sehen und zu hören, der allen als Mensch des anderen Zeitalters erschien. Jedes Alter und jedes Geschlecht kam eilig herbei, die Wunderdinge zu sehen, die der Herr in unerhörter Weise durch seinen Knecht in der Welt wirkte" (1 Cel 36).

Franziskus wurde vielerorts wie Jesus empfangen. Dazu heißt es in den „Fioretti": Eines Tages „kam der heilige Franziskus nach Borgo San Sepolcro. Bevor er sich der Burg näherte, kamen ihm Scharen von Menschen aus der Burg und den Gehöften entgegen und viele von ihnen gingen mit Ölzweigen vor ihm her und riefen laut: ‚Seht, der Heilige! Seht, der Heilige!' Aus Verehrung und dem Wunsch, ihn zu berühren, verursachten die Leute ein großes Stoßen und Drängen um ihn. Er aber schritt dahin und sein Geist war so sehr in der Betrachtung zu Gott erhoben und entrückt, dass er wie eine empfindungslose Person nichts von alldem vernahm, was um ihn geschah oder gesprochen wurde, sosehr man ihn auch berührte, festhielt und an ihm zerrte. Er merkte nicht einmal, dass er durch diesen Burgflecken und diese Gegend zog" (Fior 171).

„Wie kommt es, dass alle Welt zu dir eilt?", fragte damals Bruder Masseo den heiligen Franz. Die gleiche Frage stellt auch der moderne Mensch: Wie war es möglich, dass dieser kleine, unansehnliche Mann mit der niedrigen Stirn und den abstehenden Ohren so weite und so tiefe Wirkungen ausstrahlen konnte?

Vielleicht kann man auf diese Frage wie folgt antworten: Wer Franz sah, glaubte Jesus zu sehen. Man folgte ihm nach, weil er Jesus nachfolgte. Seine Nachfolge war so radikal, dass offenkundig – paulinisch gesprochen – nicht mehr er lebte, sondern Jesus in ihm. Franz von Assisi war der „Spiegel der Vollkommenheit". Und deswegen machten sich die Menschen auf, ihn zu sehen, zu hören und zu verehren.

Häufig dargestellter Heiliger

Nach dem Gesagten wundert es nicht, dass Franz von Assisi in der Kunst zu den am häufigsten dargestellten Heiligen gehört. Es ist im Rahmen dieses Buches nicht möglich, auf die zahlreichen künstlerischen Darstellungen des Heiligen im Einzelnen einzugehen. Hier sollen nur einige Beispiele für viele stehen.

Von höchster Bedeutung in der Darstellung des Franz von Assisi ist das wohl älteste Bildnis des Ordensgründers: Das Fresko befindet sich in der Sacro Speco Monastero die S. Benedetto in Subiaco – das ist die Höhle, die Benedikt als Einsiedler benützte – und wurde noch zu Lebzeiten von Franziskus (vermutlich im Jahr 1224) angefertigt. Einige Quellen nennen auch 1228 als Entstehungsjahr.

Berühmt ist auch das Fresko von Simone Martini in der Unterkirche der riesigen Basilika S. Francesco in Assisi. Es entstand im Jahr 1326 und zeigt Franziskus – im Gegensatz zu dem Bildnis in Subiaco – mit Heiligenschein. Ebenfalls in der Unterkirche ist das Fresko von Giovanni Cimabue, einem Florentiner Maler und Lehrer Giottos, zu sehen, auf welchem Franz von der Gottesmutter Maria und einigen Engeln umgeben ist.

Auf fast allen künstlerischen Darstellungen trägt Franz von Assisi eine dunkelbraune, mit einem Strick gegürtete Kutte, oft mit einer Kapuze. Sein Gesicht und seine Gestalt sind hager. Als Attribute sind ihm beigegeben: Kruzifix, Totenkopf, Buch, Erdkugel (zu Füßen oder darauf tretend), Reichsapfel, einstürzendes Haus, Lilienstab, Lamm, Wolf,

Geißel oder Rosenkranz (in Anlehnung an das erst nach 1470 eingeführte Gebet).

Das Kreuz, das Ausdruck seiner glühenden und opferbereiten Liebe zu dem Gekreuzigten und seines unablässigen Trachtens, ihm in allem möglichst ähnlich zu werden, begegnet uns fast regelmäßig auf Darstellungen des Heiligen. Das Buch ist ihm seltener beigefügt. Es ist entweder als das Evangelium, dessen Inhalt und ForderungenFranziskus in allem nach bestem Können zu verkörpern bemüht war, oder als das Regelbuch zu deuten. Einen Totenkopf – ein Hinweis für seine Verachtung alles Irdischen – hat man im Mittelalter in der deutschen Kunst dem heiligen Franz nie als Attribut in die Hand gegeben. Das geschah erst in der Zeit des Barock, wie zum Beispiel am Retabel eines Nebenaltars in der Kirche zu Dermbach (Sachsen).

Am bekanntesten und verbreitetsten ist die Darstellung der Stigmatisation des Heiligen: Franz von Assisi schaut auf den Gekreuzigten, der ihm gegenüber schwebt und dessen Leib Seraphflügel tragen und bedecken. Von den Wunden des Herrn gehen Strahlen aus, die Franziskus' Hände, Füße und Seite treffen. So zeigt es zum Beispiel ein Gemälde des italienischen Malers Giotto di Bondone (Stigmatisation des hl. Franziskus, um 1300, Paris, Musée du Louvre).

Viele Bildnisse in der älteren wie modernen Kunst zeigen den Ordensgründer mit bekannten Begebenheiten aus seinem Leben, so beispielsweise bei der Predigt zu den Vögeln, die sich sammeln, um seinen Worten zu lauschen; bei der Pflege von Aussätzigen; bei der Lossagung von seinem Vater Pietro; mit der Ordensregel bei Papst Innozenz III.; bei der Begegnung mit Dominikus, dem Stifter des Dominikanerordens; beim Tod auf dem blanken Fußboden seiner Zelle in Portiunkula.

Aus der Vielfalt der künstlerischen Darstellungen sei hier auf ein paar bekannte Gemälde hingewiesen: „Franziskus schützt die Welt" von Peter Paul Rubens (1633, Königliche Museen, Brüssel); „Franziskus verehrt das Kreuz" von

Rembrandt (1657, British Museum, London); „Franziskus und Dominikus, die Jungfrau Maria verehrend" von Ludovico Carracci (um 1600, Pinakothek, Bologna); „Franziskus ekstaticus" von El Greco (um 1578, Prado, Madrid); „Stigmatisation" von Ludwig Seitz.

Giotto hat auf seinen Fresken in der Basilika S. Francesco in Assisi folgende schöne Geschichte aus dem Leben des Heiligen dargestellt: Sankt Franziskus kam einmal zu der Stadt Arezzo, wo ein Bürgerkrieg entbrannt war. Da sah der Mann Gottes über der Burg und über dem Land die Teufel in der Luft fröhlich tanzen. Und er sprach zu seinem Gefährten Silvester: „Gehe hin zu dem Stadttor und gebiete den Teufeln im Namen Gottes des Allmächtigen, dass sie aus der Stadt fahren." Da lief der Bruder an das Tor und rief mit lauter Stimme: „Im Namen Gottes des Allmächtigen und auf das Gebot unseres Vaters Franziskus weichet von hinnen!" Schon kurz darauf herrschte guter Friede unter den Bürgern.

Der Hauptpatron Italiens

Wie oben erwähnt, setzte die Verehrung des heiligen Franz von Assisi bereits zu seinen Lebzeiten ein. Nach seinem Tod (1226) und besonders nach seiner Heiligsprechung im Jahr 1228 nahm der Kult um der Ordensmann einen unglaublichen Aufschwung im ganzen Abendland. Dabei spielte die geschichtlich erstmalig bezeugte Stigmatisation eine besondere Rolle.

Zu Ehren des heiligen Franziskus wurden bereits ab dem 13. Jahrhundert an vielen Orten in Europa Kirchen und Kapellen erbaut, deren Patron er wurde. Unter anderem entstanden „Franziskus-Kirchen" in Köln, Basel, Lausanne und Lyon.

Viele Städte verehren Franz von Assisi als ihren Patron. Dazu gehört vor allem seine Geburts- und Begräbnisstadt

Assisi. Seit dem Jahr 1939 wird Franziskus als Hauptpatron Italiens (wozu ihn Papst Pius XII. ernannt hat) sowie als Patron der Katholischen Aktion in Italien verehrt. Auch das Bistum Basel hat sich den Heiligen zu ihrem Schutzpatron erwählt.

Vor allem von Schiffbrüchigen, Blinden, Lahmen und Sträflingen wurde Franz von Assisi im Mittelalter als Patron angerufen. Er ist der Hauptpatron der vielgliedrigen Franziskusgemeinschaft, der Armen, der Sozialarbeit und des Umweltschutzes. Außerdem ist er der Schutzheilige der Kaufleute, Schneider, Tuchhändler, Weber, Flachshändler, Blumenzüchter, Tapetenhändler sowie aller, die nach alternativen Wegen und Entscheidungen suchen. Ferner ist er – wegen seiner Liebe zu Frankreich – der Patron der fremdsprachigen Korrespondenten. Nicht zuletzt wird er fürbittend gegen Kopfschmerzen und gegen die Pest angerufen.

Reliquien des großen Ordensgründers werden vor allem in Assisi – in der dortigen Kirche San Francesco – verehrt. Weitere Orte, an denen sich Reliquien des Heiligen befinden (sollen), sind Rom, Arezzo, Cortona, Florenz und Kriens in der Schweiz.

Franziskus-Brauchtum

Es ist ein schöner Brauch, in der Advents- und Weihnachtszeit Krippen aufzubauen. Überall finden wir sie – in Häusern und Kirchen, in Kindergärten und Schulen, auf Weihnachtsmärkten und Marktplätzen. In der Krippe wird dargestellt, was sich vor über 2000 Jahren in Betlehem ereignet hat: Jesus wurde geboren.

Unsere heutigen Krippen verdanken wir dem heiligen Franz von Assisi. Franz vertiefte sich immer wieder in das unbegreifliche Geheimnis der Menschwerdung Christi: Gott wird ein Mensch. Das war für ihn das größte Wunder! Und das wollte er eines Tages darstellen, spielen, feiern – und nicht nur davon erzählen oder darüber vorlesen.

Manfred Becker-Huberti schreibt: „Während andernorts die traditionellen Krippenspiele die Christmette eröffneten, baute Franziskus eine reale figürliche Krippe mit lebendigem Ochs und Esel und einer richtigen Krippe mit Heu auf. Von diesem Zeitpunkt an hielt die figürliche Inszenierung der Geburt Christi Einzug in die Kirchen und Häuser der Christen."[12]

Weihnachten im Jahre 1223

Es war zu Weihnachten im Jahre 1223 in der kleinen italienischen Stadt Greccio. Franz lud die Leute der Umgebung in eine im Wald gelegene Höhle ein: Hirten und Bauern mit ihren Frauen und Kindern. Mit ihnen wollte er ein besonderes Weihnachtsfest feiern: „Ich möchte, dass wir nicht nur über das Jesuskind sprechen, sondern dass wir die Not, die es schon als Kind zu leiden hatte – in der Krippe, an der Ochs und Esel standen –, mit unseren Augen schauen können."

In der Felsenhöhle wurde mit vereinten Kräften eine Krippe zurechtgemacht. Ein Futtertrog, in dem Stroh lag, wurde herbeigeschafft, Ochs und Esel eines Bauern dahintergestellt, eine Frau und ein Mann als Maria und Josef ausgewählt und ein lebendiges Kind aus dem Dorf in die Krippe gelegt. Helles Fackellicht strahlte in der Höhle und gab den Blick frei auf diese ganz besondere – einfache, aber wunderschöne – Krippe.

Vor dem kleinen Kind in der Krippe fiel der heilige Franz auf die Knie, breitete die Hände aus und fing an zu beten und zu singen. Und die Leute, die dabeistanden, sahen in dem kleinen Kind aus ihrem Dorf das Jesuskind von Betlehem. Sie empfanden große Freude, reichten einander die Hände und versprachen, stets gut zueinander zu sein.

Dann feierten alle miteinander einen fröhlichen Gottesdienst. Franz hielt den Leuten eine Predigt und sagte: „Hier in der Krippe kam Jesus als armes Kind auf die Welt, umgeben von Tieren und staubigem Stroh. Und er blieb ein Leben lang ein Freund der Armen. Er war immer bei denen zu finden, die seine Hilfe brauchten. Davon will uns die Krippe erzählen." Die Menschen hörten Franz gespannt zu. Noch nie hatten sie Weihnachten so erlebt wie in dieser Nacht – und sie werden diesen Heiligen Abend wohl auch nie vergessen haben.

Thomas von Celano hat uns das „Weihnachtsspiel von Greccio" in folgender Legende überliefert:

Daher muss man jener Feier gedenken und sie ehrfurchtsvoll erwähnen, die er im dritten Jahr vor seinem glorreichen Hinscheiden bei einem Flecken namens Greccio am Tage der Geburt unseres Herrn Jesus Christus abgehalten hat. In jener Gegend lebte ein Mann mit Namen Johannes, von gutem Ruf, aber noch besserem Lebenswandel. Ihm war der selige Franziskus in besonderer Liebe zugetan, weil er trotz des großen Ruhmes und des Ansehens, das er daheim genoss, den Adel des Fleisches verachtete und nach dem Adel der Seele trachtete.

Diesen ließ nun der selige Franziskus, wie er oft zu tun pflegte, zu sich rufen, etwa vierzehn Tage vor der Geburt des

Herrn, und sprach zu ihm: „Wenn du wünschest, dass wir bei Greccio das bevorstehende Fest des Herrn feiern, so gehe eilends hin und richte sorgfältig her, was ich dir sage. Ich möchte nämlich das Gedächtnis an jenes Kind begehen, das in Betlehem geboren wurde, und ich möchte die bittere Not, die es schon als kleines Kind zu leiden hatte, wie es in eine Krippe gelegt, an der Ochs und Esel standen, und wie es auf Heu gebettet wurde, so greifbar als möglich mit leiblichen Augen schauen." Als der gute und treu ergebene Mann das hörte, lief er eilends hin und rüstete an dem genannten Ort alles zu, was der Heilige angeordnet hatte.

Es nahte aber der Tag der Freude, die Zeit des Jubels kam heran. Aus mehreren Niederlassungen wurden die Brüder gerufen. Männer und Frauen jener Gegend bereiteten, so gut sie konnten, freudigen Herzens Kerzen und Fackeln, um damit jene Nacht zu erleuchten, die mit funkelndem Sterne alle Tage und Jahre erhellt hat.

Endlich kam der Heilige Gottes, fand alles vorbereitet, sah es und freute sich. Nun wird eine Krippe zurechtgemacht, Heu herbeigebracht, Ochs und Esel herzugeführt. Zu Ehren kommt da die Einfalt, die Armut wird erhöht, die Demut gepriesen, und aus Greccio wird gleichsam ein neues Betlehem. Hell wie der Tag wird die Nacht, und Menschen und Tieren wird sie wonnesam.

Die Leute eilen herbei und werden bei dem neuen Geheimnis mit neuer Freude erfüllt. Der Wald erschallt von den Stimmen, und die Felsen hallen wider von dem Jubel. Die Brüder singen und bringen Gott das Lob gebührend dar, und die ganze Nacht jauchzt auf in hellem Jubel. Der Heilige Gottes steht an der Krippe, er seufzt voll tiefen Wehs, von heiliger Andacht durchschauert und von wunderbarer Freude überströmt. Über der Krippe wird ein Hochamt gefeiert, und ungeahnte Tröstung darf der Priester verspüren.

Da legt der Heilige Gottes die Levitengewänder an – denn er war Diakon – und singt mit wohlklingender Stimme das heilige Evangelium. Und zwar lädt seine Stimme, seine starke Stimme, seine sanfte Stimme, seine klare Stimme, seine wohlklingende Stimme alle zum höchsten Preise ein. Dann predigt er dem umstehenden Volk von der Geburt des armen Königs und bricht in lieblichen Lobpreis über die kleine Stadt Betlehem aus.

Oft wenn er Christus „Jesus" nennen wollte, nannte er ihn, von übergroßer Liebe erglühend, nur „das Kind von Betlehem", und wenn er „Betlehem" aussprach, klang es wie von einem blökenden Lämmlein. Mehr noch als vom Worte floss sein Mund über von süßer Liebe. Wenn er das „Kind von Betlehem" oder „Jesus" nannte, dann leckte er gleichsam mit der Zunge seine Lippen, indem er mit seinem glückseligen Gaumen die Süßigkeit dieses Namens verkostete und schlürfte.

Es vervielfachten sich dort die Gaben des Allmächtigen, und ein frommer Mann hatte ein wunderbares Gesicht. Er sah nämlich in der Krippe ein lebloses Knäblein liegen; zu diesem sah er den Heiligen Gottes hinzutreten und das Kind wie aus tiefem Schlaf erwecken. Gar nicht unzutreffend ist dieses Gesicht; denn der Jesusknabe war in vieler Herzen vergessen. Da wurde er in ihnen mit seiner Gnade durch seinen heiligen Diener Franziskus wieder erweckt und zu eifrigem Gedenken eingeprägt. Endlich beschließt man die nächtliche Feier, und ein jeder kehrt in seliger Freude nach Hause zurück (1 Cel 84–87).

Seit dieser Krippenfeier im Jahr 1223 in der Felsenhöhle bei Greccio gibt es überall auf der Welt – in Erinnerung an den heiligen Franz – Krippen, in denen die Menschen die Geschichte von der Geburt Jesu in Betlehem dargestellt haben. In Deutschland wurde die erste Krippe vor ungefähr 400 Jahren aufgestellt. Es gibt heute in vielen Orten Museen, in denen die schönsten und kostbarsten Krippen, die je gebaut wurden, aufbewahrt und meist in der Weihnachtszeit ausgestellt werden.

Patron des Welttierschutztages

Nicht nur die Weihnachtskrippe verdanken wir dem heiligen Franz von Assisi, sondern auch den Welttierschutztag am 4. Oktober. Im Jahre 1931, also vor über 80 Jahren, wählte man diesen Termin – den Festtag des Heiligen – in Florenz (Italien), um an unsere Verantwortung für die Tiere zu erinnern.

Franz von Assisi ist der Schutzpatron des Welttierschutztages. Dass er lebenslang ein großer Freund der Tiere war, wurde bereits im ersten Kapitel („Leben des heiligen Franziskus") angedeutet. Der Legende nach sprach Franz mit den Vögeln und Fischen und hielt ihnen Predigten. Eines Tages befreite er ein kleines Häschen aus einer Jagdschlinge und gab ihm die Freiheit zurück. Einmal zähmte er einen großen, wilden Wolf, der fortan mit den Menschen in Frieden lebte.

Als Franz von Assisi in Portiuncula wohnte, flog ihm eines Tages ein junger Falke zu. Dieser Falke begleitete den Heiligen jedesmal, wenn er von der Hütte, in der er lebte, zu der kleinen Kapelle in der Nähe ging. Eines Tages aber verschlief sich Franz. Da hörte er plötzlich ein heftiges Klopfen an seiner Tür und draußen ein lautes Kreischen. Als Franz erstaunt die Tür öffnete, sah er den jungen Falken vor sich, der darauf wartete, mit ihm zur Kapelle zu gehen. „Ich danke dir, Bruder Falke, dass du mich geweckt hast", sagte Franz zu seinem aufmerksamen und freundlichen Begleiter. Von diesem Tag an wurde der Heilige jeden Morgen von dem Falken geweckt.

Eines Tages sagte Franz zu seinen Brüdern: „Wenn ich mit dem Kaiser sprechen könnte, so würde ich ihm die Bitte vortragen, er möge eine besondere Verordnung erlassen: Am Weihnachtsfest sollen die Leute Korn und anderes Vogelfutter vor die Häuser und Burgen auslegen, damit die Vögel, besonders unsere Schwestern Lerchen, am Festtag gut zu essen haben" (2 Cel 200).

Wie liebevoll Franz einmal mit „lärmenden Schwalben"
umging, erzählt eine abschließende Legende:

Eines Tages begab sich Franziskus in ein Städtchen
namens Alviano, um das Wort Gottes zu verkünden. Er stieg
auf einen höher gelegenen Platz, damit er von allen gesehen
werden konnte, und gebot Stillschweigen. Alle schwiegen
und standen ehrfürchtig da, nur die zahlreichen Schwalben,
die am gleichen Ort nisteten, zwitscherten weiter und
machten großen Lärm.

Da die Leute ihres Gezwitschers wegen den seligen
Franziskus nicht verstehen konnten, wandte sich dieser
an die Vögel und sprach: „Meine Schwestern Schwalben!
Genug habt ihr bis jetzt geredet, nun ist es Zeit, dass auch
ich einmal zu Wort komme. Vernehmt das Wort des Herrn
und seid still und ruhig, bis des Herrn Rede beendet ist!"

Sofort verstummten zum Staunen und zur Verwunderung
aller Umstehenden die Vögel und bewegten sich nicht von
jenem Platze, bis die Predigt zu Ende war. Als die Leute
dieses Zeichen sahen, ergriff sie gewaltiges Staunen, dass sie
riefen: „Dieser Mensch ist wahrhaft ein Heiliger und Freund
des Allerhöchsten!" Voll großer Ehrfurcht eilten sie herbei,
um wenigstens seine Kleider zu berühren, und lobten und
priesen Gott. (1 Cel 59)

Am Welttierschutztag soll uns Franz von Assisi daran
erinnern, dass Tiere Geschöpfe Gottes sind. Tiere brauchen
Menschen, die sie lieben und sich für ihren Schutz einsetzen.
Vielleicht müssen viele erst wieder neu lernen, die Tiere in
ihrer Eigenart kennenzulernen und zu verstehen, um dann
– wenn nötig – auch für ein tierwürdiges Leben eintreten
zu können. Franz kann ihnen dabei ein großes Vorbild sein.

Gebete des Heiligen

Franz von Assisi war kein wissenschaftlicher Theologe, aber ein großer Beter. Wo immer er war, hatte und nahm er sich Zeit für das Gebet. Dieses Kapitel enthält einige besonders schöne Gebete aus dem Mund des Heiligen. Sie zeigen, mit welcher Ergriffenheit und Hingabe er mit Gott, seinem Vater im Himmel, gesprochen hat. Wer mit und im Sinne des heiligen Franziskus beten möchte, erhält in den folgenden Gebeten viele Anregungen und Impulse.

Lobpreis Gottes

Du bist der heilige Herr,
der alleinige Gott, „der du
„Wunderwerke vollbringst" (Ps 76,15).
Du bist der Starke.
Du bist der Große.
Du bist der Erhabenste.
Du bist der allmächtige König,
du „heiliger Vater" (Joh 17,11),
„König des Himmels
und der Erde" (vgl. Mt 11,25).
Du bist der dreifaltige und eine Herr,
der Gott aller Götter.
Du bist das Gute, jegliches Gut,
das höchste Gut, der Herr,
der lebendige und wahre Gott.
Du bist die Liebe, die Minne.
Du bist die Demut.
„Du bist die Geduld" (Ps 70,5).
Du bist die Schönheit.
Du bist die Milde.
(LobGott 1–4)

Allmächtiger und höchster Gott

Allmächtiger, heiligster, erhabenster
und höchster Gott,
du alles Gut, höchstes Gut, ganzes Gut,
der du allein gut bist,
dir wollen wir erweisen alles Lob,
alle Herrlichkeit, allen Dank,
alle Ehre, allen Preis und alles Gute.
Es geschehe! Es geschehe! Amen.
(PreisHor 11)

Der Sonnengesang

Du höchster, mächtigster, guter Herr,
Dir sind die Lieder des Lobes, Ruhm und Ehre
und jeglicher Dank geweiht;
Dir nur gebühren sie, Höchster,
und keiner der Menschen ist würdig,
Dich auch nur zu nennen.

Gelobt seist Du, Herr,
mit allen Wesen, die Du geschaffen,
der edlen Herrin vor allem, Schwester Sonne,
die uns den Tag heraufführt und Licht spendet,
mit ihren Strahlen, die Schöne,
gar prächtig in mächtigem Glanze:
Dein Gleichnis ist sie, Erhabener.

Gelobt seist Du, Herr,
durch Bruder Mond und die Sterne.
Durch Dich sie funkeln am Himmelsbogen
und leuchten köstlich und schön.

Gelobt seist Du, Herr, durch Bruder Wind

und Luft und Wolke und Wetter,
die sanft und streng, nach Deinem Willen
die Wesen leiten, die durch Dich sind.

Gelobt seist Du, Herr, durch Schwester Quelle.
Wie ist sie nützlich in ihrer Demut,
wie köstlich und keusch!

Gelobt seist Du, Herr, durch Bruder Feuer,
durch den Du zur Nacht uns leuchtest.
Schön und freundlich ist er am wohligen Herde,
mächtig als lodernder Brand.

Gelobt seist Du, Herr,
durch unsere Schwester, die Mutter Erde,
die gütig und stark uns trägt
und mancherlei Frucht uns bietet
mit farbigen Blumen und Matten.

Gelobt seist Du, Herr, durch die,
so vergeben um Deiner Liebe willen
und Pein und Trübsal geduldig tragen.
Selig, die's überwinden im Frieden:
Du, Höchster, wirst sie belohnen.

Gelobt seist Du, Herr,
durch unsern Bruder, den leiblichen Tod;
ihm kann kein lebender Mensch entrinnen.
Wehe denen, die sterben in schweren Sünden!
Selig, die er in Deinem heiligsten Willen findet!
Denn sie versehrt nicht der zweite Tod.

Lobet und preiset den Herrn!
Danket und dient Ihm
in großer Demut!
(Sonn)

Tun, was Gott gefällt

Allmächtiger, ewiger,
gerechter und barmherziger Gott,
verleihe uns Elenden,
um deiner selbst willen
das zu tun,
von dem wir wissen,
dass du es willst,
und immer zu wollen,
was dir gefällt,
damit wir, innerlich geläutert,
innerlich erleuchtet und vom Feuer
des Heiligen Geistes entflammt,
den Fußspuren
deines geliebten Sohnes,
unseres Herrn Jesus Christus,
folgen können
und allein durch deine Gnade
zu dir, Allerhöchster,
zu gelangen vermögen,
der du in vollkommener Dreifaltigkeit
und einfacher Einheit lebst
und herrschest und verherrlicht wirst
als allmächtiger Gott
durch alle Ewigkeiten der Ewigkeiten.
Amen.
(BrOrd 50f.)

Wir sagen dir Dank, Vater

Allmächtiger, heiligster,
erhabenster, höchster Gott,
heiliger und gerechter Vater,
Herr, König des Himmels und der Erde,

wir sagen dir Dank um deiner selbst willen,
weil du durch deinen heiligen Willen
und durch deinen einzigen Sohn
mit dem Heiligen Geiste
alles Geistige und Körperliche geschaffen
und uns, geformt nach deinem Bild
und deiner Ähnlichkeit,
ins Paradies gestellt hast.
Und durch unsere eigene Schuld
sind wir gefallen.

Und wir sagen dir Dank, weil du,
gleichwie du uns durch deinen Sohn
erschaffen hast,
so durch deine heilige Liebe,
mit der du uns geliebt hast,
ihn selbst als wahren Gott
und wahren Menschen
aus der glorreichen, allerseligsten,
immerwährenden Jungfrau,
der heiligen Maria,
hast geboren werden lassen,
und weil du durch sein Kreuz
und sein Blut und seinen Tod uns,
die gefangen waren,
hast erlösen wollen.

Und wir sagen dir Dank,
weil er, dein Sohn, kommen wird
in der Herrlichkeit seiner Majestät,
um die Verdammten,
die nicht Buße getan
und dich nicht erkannt haben,
ins ewige Feuer zu stürzen,
und um allen,
die dich erkannt und angebetet

und dir in Buße gedient haben,
zu sagen: Kommt, ihr Gesegneten meines Vaters,
nehmt das Reich in Besitz,
das euch bereitet ist von Anbeginn der Welt.

Und da wir Elenden und Sünder
allesamt nicht würdig sind,
dich zu nennen,
so bitten wir flehentlich,
unser Herr Jesus Christus, dein geliebter Sohn,
an dem du dein Wohlgefallen hast,
möge mit dem Heiligen Geiste, dem Tröster,
dir für alles Dank sagen,
wie es dir und ihm gefällt;
er ist es ja,
der dir stets für alles zu Genüge ist
und durch den du uns so viel gegeben hast.
(NbReg 23,1–5)

Erleuchte mein Herz!

Höchster, glorreicher Gott,
erleuchte die Finsternis
meines Herzens
und schenke mir
rechten Glauben,
gefestigte Hoffnung
und vollendete Liebe!
Gib mir, Herr,
Empfinden und Erkennen,
damit ich deinen heiligen
und wahrhaften Auftrag erfülle!
(GebKr)

Vater unser im Himmel

O heiligster *Vater unser*:
unser Schöpfer, Erlöser, Tröster und Retter.

Der du bist in den Himmeln:
in den Engeln und Heiligen.
Du erleuchtest sie zum Erkennen,
weil du, Herr, das Licht bist.
Du entflammst sie zur Liebe,
weil du, Herr, die Liebe bist.
Du wohnst in ihnen
und erfüllst sie zur Seligkeit,
weil du, Herr, das höchste Gut bist,
das ewige Gut,
von dem jegliches Gute kommt,
ohne den nichts Gutes ist.

Geheiligt werde dein Name:
aufleuchten soll in uns
die Kenntnis von dir,
damit wir erkennen
die Breite deiner Wohltaten,
die Länge deiner Verheißungen,
die Höhe der Majestät
und die Tiefe der Gerichte.

Dein Reich komme:
damit du in uns durch die Gnade herrschest
und uns in dein Reich kommen lassest,
wo ist die unverhüllte
Anschauung deiner selbst,
die vollkommene Liebe zu dir,
die selige Gemeinschaft mit dir,
das ewige Genießen deiner selbst.

Dein Wille geschehe,
wie im Himmel so auf Erden:
damit wir dich lieben aus ganzem Herzen,
indem wir immer an dich denken;
aus ganzer Seele,
indem wir immer nach dir verlangen;
aus ganzem Gemüte,
indem wir all unser Streben zu dir hinlenken
und deine Ehre in allem suchen;
und aus allen unseren Kräften,
indem wir alle unsere Kräfte
und Empfindungen der Seele und des Leibes
zum Gehorsam gegen deine Liebe
und für nichts anderes aufbieten.
Und damit wir unsere Nächsten
wie uns selbst lieben,
indem wir alle nach Kräften
zu deiner Liebe hinziehen,
uns über das Gute der anderen
wie über das unsrige freuen
und in Widerwärtigkeiten Mitleid mit ihnen haben
und niemanden irgendwie beleidigen.

Unser tägliches Brot:
deinen geliebten Sohn,
unseren Herrn Jesus Christus,

gib uns heute:
zum Gedächtnis und Verständnis
und zur Hochachtung der Liebe,
die er zu uns gehabt hat,
und dessen, was er für uns gesprochen,
getan und erduldet hat.

Und vergib uns unsere Schuld:
durch dein unsagbares Erbarmen

und durch die Kraft des Leidens
deines geliebten Sohnes
und durch die Verdienste und Fürsprache
der allerseligsten Jungfrau Maria
und aller deiner Auserwählten.

Wie auch wir vergeben unseren Schuldigern:
Und was wir nicht vollkommen vergeben,
mach du, Herr,
dass wir es gänzlich vergeben,
damit wir die Feinde
um deinetwegen wahrhaft lieben
und für sie bei dir ergeben Fürsprache einlegen,
niemandem Böses mit Bösem vergelten
und in allem in dir nützlich zu sein
uns bemühen.

Und führe uns nicht in Versuchung:
in keine verborgene oder offenkundige,
unvermutete oder ungestüme.

Sondern erlöse uns von dem Bösen:
dem vergangenen, gegenwärtigen
und zukünftigen.

Ehre sei dem Vater ...(BrGl II, 21)

Wir beten dich an

Wir beten dich an,
Herr Jesus Christus –
und in allen deinen Kirchen,
die in der ganzen Welt sind,
und preisen dich,
weil du durch dein heiliges Kreuz
die Welt erlöst hast.
(Test 5)

Segen für Bruder Leo

Der Herr segne dich
und behüte dich.
Er zeige dir sein Angesicht
und erbarme sich deiner.
Er wende dir sein Antlitz zu
und schenke dir den Frieden
(vgl. Num 6,24–26).
Der Herr segne dich.
(SegLeo)

Franziskus-Worte

Seine Gedanken und Empfindungen hat Franz von Assisi immer wieder in wunderbaren kurzen Worten zusammengefasst. Dieses Kapitel enthält eine Reihe solcher nachdenkenswerten Worte des Heiligen, die – selbst nach 800 Jahren – auch unserem Leben Sinn, Ziel und Inhalt geben können. Worte geistlichen Lebens finden sich auch in dem vom Verfasser herausgegebenen Buch „Franz von Assisi – Alles zum Lobe Gottes" (Kevelaer 2007).

Vor dem Angesicht Gottes

Wisset, dass vor dem Angesicht Gottes
manche Dinge überaus hoch und erhaben sind,
die bisweilen unter den Menschen
für niedrig und wertlos angesehen werden.
Und andere Dinge sind unter den Menschen
wertvoll und ansehnlich,
die vor Gott als ganz niedrig
und als wertlos gelten.
(BrKust II,2f.)

Liebe und Weisheit

Wo Liebe ist und Weisheit,
da ist nicht Furcht noch Unwissenheit.
(Erm 27,1)

Geduld und Demut

Wo Geduld ist und Demut,
da ist nicht Zorn noch Verwirrung.
(Erm 27,2)

Von der Reinheit des Herzens

Selig, die reinen Herzens sind,
denn sie werden Gott schauen (Mt 5,8).
Wahrhaft reinen Herzens sind jene,
die das Irdische gering achten,
das Himmlische suchen
und nicht nachlassen,
immer mit reinem Herzen und reiner Seele
den Herrn, den lebendigen und wahren Gott,
anzubeten und zu schauen.
(Erm 16,1–2)

Den Nächsten lieben

Lasst uns unsere Nächsten lieben
wie uns selbst.
Und wenn einer sie nicht genauso
lieben will wie sich selbst,
so möge er ihnen wenigstens
nichts Böses antun,
sondern Gutes erweisen.
(BrGl II,26f.)

Gib dem, der dich bittet

Wer dich bittet, dem gib;
wer von dir borgen will,
von dem wende dich nicht ab!
(1 Cel 17)

Bekennt eure Sünden!

Bekennt alle eure Sünden!
Selig, die in Buße sterben,
denn sie werden im Himmelreich sein.
Wehe jenen, die nicht in Buße sterben,
denn sie werden „Kinder des Teufels"
(1 Joh 3,10) sein,
dessen Werke sie tun,
und sie werden „in das ewige Feuer"
kommen (Mt 18,8; 25,41).
Nehmt euch in Acht
und hütet euch vor allem Bösen
und harret aus im Guten
bis ans Ende!
(NbReg XXI,7–9)

Des Menschen hohe Würde

Bedenke, o Mensch,
in welch erhabene Würde
Gott der Herr dich eingesetzt hat,
da er dich dem Leibe nach
zum Bilde seines geliebten Sohnes
und dem Geiste nach
zu seiner Ähnlichkeit
erschaffen und gestaltet hat.
(Erm 5,1)

Hütet euch vor der Bosheit!

Wir wollen uns sehr hüten
vor der Bosheit
und Durchtriebenheit Satans,
der will, dass der Mensch
seinen Sinn und sein Herz
nicht bei Gott habe.
(NbReg XXII,19)

Keine Zerstreuungen

Wir müssen uns schämen,
dass wir uns zu unnützen
Zerstreuungen ablenken lassen,
wenn wir zur Zeit des Gebetes
den großen König ansprechen.
(2 Cel 97)

Auf Jesus hören

Lasst uns die Worte, die Lehre,
das Leben und das heilige Evangelium
unseres Herrn Jesus Christus
festhalten,
der sich herabgelassen hat,
für uns den Vater zu bitten
und uns seinen Namen kundzutun,
indem er sprach:
Vater, „ich habe deinen Namen
den Menschen kundgetan" (Joh 17,6).
(Fragm I,27)

Gott gehört die Ehre

Wir sollen unseren Ruhm
darin suchen,
Gott die ihm gehörige Ehre
zu erstatten,
ihm treu zu dienen
und alles, was er schenkt,
ihm zuzuschreiben.
(2 Cel 134)

Lasst uns preisen

Lasst uns preisen den Herrn,
den lebendigen und wahren Gott!
Lasst uns ihm stets Lob,
Herrlichkeit, Ehre, Preis
und alles Gute darbringen!
(Off)

Den Nächsten ertragen

Selig der Mensch,
der seinen Nächsten in seiner
Unzulänglichkeit genauso erträgt,
wie er von ihm
ertragen werden möchte,
wenn er in ganz ähnlicher
Lage wäre.
(Erm 18,1)

Vater und Sohn

Wenn ein Vater seinen Sohn
durch eine Tür hinaustreibt,
muss er durch eine andere
wieder eintreten.
(2 Cel 146)

Was Gott von uns will

Wir müssen unsere Leiber (unser Ich)
mit den Lastern und Sünden hassen,
weil der Herr im Evangelium sagt:
„Alles Böse, alle Laster und Sünden
„kommen aus dem Herzen"
(Mt 15,18–19; Mk 7,23).
Wir müssen unsere Feinde lieben
und denen, die uns hassen,
Gutes tun.
Wir müssen die Gebote und Räte
unseres Herrn Jesus Christus
beobachten.
(BrGl II,37–39)

Gottes Liebe erwidern

Die Liebe dessen,
der uns so sehr geliebt hat,
müssen wir ebenso sehr lieben.
(2 Cel 196)

Bedeutung des heiligen Franziskus

Franz von Assisi war allen, die ihn kannten und die in seine Nähe kamen, ein großes Vorbild. Er beeindruckte Mitbrüder, Arme, Reiche, Freunde, Kleriker, Fürsten, Gesunde, Kranke, überhaupt jeden, mit dem er zusammentraf, durch seine Persönlichkeit. Durch sein einfaches und bescheidenes Wesen ist er vielen Menschen aufgefallen. Von ihm ging eine geistige Ausstrahlungskraft aus, deren Ursprung tief im Religiösen verankert war.

Auch heute hat uns der heilige Franz noch viel zu sagen. Es sind vor allem fünf Wesenszüge, die seine Persönlichkeit kennzeichnen: Gottvertrauen, Gebetsfreude, Demut, Freude und Liebe. Mit diesen Eigenschaften kann uns der große und sympathische Heilige ein leuchtendes Beispiel sein. Ob wir uns darum bemühen wollen, in seiner Nachfolge – nach dem Maß unseres Könnens – Christus ein wenig ähnlicher zu werden?

Franz von Assisi war einer der großartigsten Menschen, die es je gegeben hat. Wenn wir in diesem Kapitel nach der Bedeutung des Heiligen für die heutige Zeit fragen, wird deutlich, dass er ein bewundernswertes Leben geführt hat. Franz war ein wesentlicher Mensch, das heißt, ihm kam es auf das *Sein*, nicht auf den Schein an. Er war eine Person, die weniger Wert auf Worte, sondern mehr auf *Taten* gelegt hat. Ihm ist es gelungen, die Menschen durch sein gelebtes Beispiel zu überzeugen.

Papst Johannes Paul II. hat zum heiligen Franz von Assisi einmal so gebetet: „O heiliger Franziskus, du Stigmatisierter von Alverna, die Welt hat Heimweh nach dir, dem Abbild des gekreuzigten Jesus. Sie verlangt nach deinem Herzen, offen für Mensch und Gott, nach deinen Füßen, bloß und verwundet, nach deinen Händern, durchbohrt und betend. Sie sehnt sich nach deiner schwachen Stimme, die aber stark ist in der Kraft des Evangeliums."

Gottvertrauen

Werfen wir zunächst einen Blick auf das große Gottvertrauen, das Franz von Assisi im Herzen trug. Er hat täglich zu Gott Ja gesagt und sich ganz seinem Willen anvertraut. „In allem, was ich tue, will ich Gott vor Augen haben", war ein stets wiederkehrendes Wort aus seinem Munde.

Immer wieder kam ein Psalmwort über die Lippen des Heiligen: „Auf dich vertraut meine Seele, o Herr!" (Ps 56). Oder er betete mit Christus zum göttlichen Vater: „Herr, dein Wille geschehe!" Franziskus' Glaube war so groß, dass er sich in allen Dingen Gott und seiner väterlichen Vorsehung ganz überlassen konnte.

In der nicht bullierten Regel sagt Franz zu seinen Brüdern: „Lasst uns alle mit ganzem Herzen, aus ganzer Seele, aus ganzer Gesinnung, aus aller Kraft und Stärke, mit ganzem Verstand, mit allen Kräften, mit ganzer Anstrengung, mit ganzer Zuneigung, mit unserem ganzen Inneren, mit allen Wünschen und aller Willenskraft Gott den Herrn lieben, der uns allen den ganzen Leib, die ganze Seele und das ganze Leben geschenkt hat und schenkt, der uns erschaffen hat, erlöst hat und uns einzig durch sein Erbarmen retten wird" (NbReg 23,8).

Auch wir dürfen zu Gott Ja sagen und dieses Ja immer wieder erneuern. Gott zwingt uns seine Nähe nicht auf, aber er lädt uns stets zur Gemeinschaft mit sich ein. Dabei sollte uns wie dem heiligen Franz von Assisi das Leben Jesu eine Richtschnur sein. Jesu Leben ist ein einziges Ja zum Willen seines Vaters gewesen. Alles, was er sagte und tat, stand im Einklang mit dem Willen seines Vaters.

Jesu Gleichnisse, seine Reden, seine Wunderzeichen, seine Heilungen – sie alle waren darauf abgestimmt, den Willen des Vaters zu erfüllen. Immer wieder war aus seinem Munde zu hören: „Ich bin gekommen, um den Willen meines Vaters zu tun" oder: „Ich und der Vater sind eins." Und kurz vor seinem Tode sagte er: „Vater, in deine Hände befehle ich meinen Geist." Der Wille des Vaters war also der ganze Inhalt seines Lebens.

Gott hat in Jesus zu uns sein Ja gesagt. Nun erwartet er unser Ja als Antwort – ein Ja, das wie bei Franz von Assisi frei ist von allen Vorbehalten und Einschränkungen. Sicher ist es nicht leicht, dieses Ja konsequent zu leben, aber es ist des Versuches – des immer erneuten Versuches – wert. Was zählt, das ist nicht unser gelegentliches Versagen, sondern unsere Verlässlichkeit. Jesu Leben sollte dabei immer der Maßstab für die Richtigkeit unseres Tuns sein.

Wie sehr sich Franz von Assisi um den richtigen Weg in der Nachfolge Jesu bemüht hat, kommt immer wieder in seinem Reden und Tun zum Ausdruck. So wie Jesus war, so wollte auch er werden. In allem, was er tat oder tun wollte, fragte er sich, wie Jesus wohl in dieser Situation gehandelt hätte. Gleich ihm wollte auch er handeln.

Wir können uns bemühen, dem heiligen Franz darin mit unseren Möglichkeiten nachzufolgen. Und damit uns dies gut gelingt, könnte uns vielleicht ein kleines Gebet hilfreich sein, das sich im „Gotteslob" (Nr. 23,3) findet: „Herr, ich will mich für dich entscheiden – in allen Fragen des Lebens, jeden Tag – ein ganzes Leben lang. Komm mir zu Hilfe, dass ich das Rechte erkenne. Gib mir den Mut, es zu wählen!"

Gebetsfreude

Was das Beten angeht, so haben wir in Franz von Assisi ein großes Vorbild vor uns. Franz hat täglich, ja stündlich, das Gespräch mit Gott gesucht. Das Beten war der Pulsschlag seines religiösen Lebens. Für ihn waren die Worte des Apostels Paulus im Epheserbrief Weisung und Weg: „Hört nicht auf zu beten und zu flehen! Betet jederzeit im Geist; seid wachsam, harrt aus und bittet für alle Heiligen" (Eph 6,18). Immer hielt er sich an das Psalmwort: „Dein Angesicht, Herr, will ich suchen" (Ps 26,8).

Ohne Übertreibung kann man Franz von Assisi den größten Beter seines Ordens, ja seiner Zeit, nennen. Selten hat jemand die Mahnung Jesu, „allzeit zu beten und darin nicht nachzulassen" (Lk 18,1), so ernst genommen wie gerade er. Man sah und hörte ihn immer wieder beten, oft nächtelang. Auch die grimmigste Winterkälte konnte ihn nicht davon abhalten, immer wieder das Gespräch mit Gott zu suchen. Das Gebet war die Heimat seines Herzens.

Im „Brief an die Gläubigen" sagt der heilige Franz: „Lasst uns Gott lieben und ihn anbeten mit reinem Herzen und reinem Sinn, weil er selbst dies über alles gesucht hat, indem er sagte: ‚Die wahren Anbeter werden den Vater im Geist und in der Wahrheit anbeten' (Joh 4,23). Denn alle, ‚die ihn anbeten, müssen ihn im Geiste der Wahrheit anbeten' (vgl. Joh 4,24). Und wir wollen ihm bei Tag und Nacht Lobpreisungen und Gebete darbringen, indem wir sprechen: ‚Vater unser, der du bist in den Himmeln' (Mt 6,9); denn wir ‚müssen allezeit beten und dürfen nicht nachlassen' (Lk 18,1)" (BrGl II,19–21).

Franz von Assisi betete, wenn er Sorgen hatte; er betete, wenn er arbeitete; er betete, wenn er müde war; er betete, wenn er Freude erfahren durfte; er betete, wenn ihn jemand um seine Fürbitte bat … Der Heilige betete immerzu. Und dieses Beten gab ihm Kraft und seelische Stärke, Gelassenheit und innere Ruhe. Das Gebet war für ihn Licht und Trost, Orientierung im Handeln sowie Tragkraft im Leiden.

„Sein sicherer Hafen war das Gebet", schreibt Thomas von Celano, der erste Franziskus-Biograf, über den Heiligen, „dieses dauerte nicht nur einige Augenblicke, sondern möglichst lange. Wenn er abends begann, konnte er sich am Morgen nur schwer davon trennen. Er war immer auf das Gebet ausgerichtet, ob er unterwegs war oder zu Hause, ob er aß oder trank" (1 Cel 71). Überall suchte Franz die Zwiesprache mit seinem himmlischen Vater.

Eines Tages, so berichtet der Biograf, kamen die Brüder zu Franziskus und baten ihn, er möge sie beten lehren, denn sie kannten noch nicht das kirchliche Stundengebet. „Der Heilige sagte ihnen: Wenn ihr betet, so sprecht: ‚Vater unser' und ‚Wir beten dich an, Christus – und in allen deinen Kirchen, die in der ganzen Welt sind, und wir preisen dich, weil du durch dein heiliges Kreuz die ganze Welt erlöst hast.' Dies suchten die Brüder, die Jünger des frommen Meisters, mit der größten Gewissenhaftigkeit zu beobachten" (1 Cel 45).

Auch wir können uns heute von Franz von Assisi zum Beten, das heißt zur vertrauten Zwiesprache mit Gott, ermuntern und anregen lassen. „Wer richtig zu beten weiß, weiß auch richtig zu leben", hat bereits der heilige Augustinus (354–430) gesagt. Richtig leben, den Sinn des Lebens finden, das Leben bewältigen – wer möchte das nicht? Das erstreben wir Erwachsenen doch alle – auch für unsere Kinder und Enkel. Wissen wir aber auch, wie sehr das Gebet uns dabei helfen kann?

Franz von Assisi lässt uns erfahren, was es mit dem Beten auf sich hat: Man ergreift eine andere Hand und ist von dieser Hand gehalten. Der Beter legt alles in die Hand des Vaters, lässt ihm freie Hand und bittet ihn, wie Paulus uns rät, dass er vollendet, was er nur anfangen konnte. Und das Schöne dabei ist: Man muss nicht ein einziges theologisches Buch gelesen haben, um mit Gott „von Herzen" zu sprechen.

Zum Fest des heiligen Franziskus am 4. Oktober lädt uns die Kirche mit folgenden Worten zum Beten ein: „Gott, du Vater der Armen, du hast den heiligen Franz von Assisi auserwählt, in vollkommener Armut und Demut Christus ähnlich zu werden. Mache uns bereit, auf den Spuren des heiligen Franz deinem Sohn nachzufolgen, damit wir in Freude und Liebe mit dir verbunden bleiben. Darum bitten wir durch Jesus Christus."

Demut

Beispielhaft hat Franz von Assisi seiner Umwelt die Haltung der Demut vorgelebt. Die Demut war für ihn etwas so Selbstverständliches, dass man sie seine „spezielle Tugend" nennen kann. Täglich ging Franz den Weg des Dienens, des Kleinseins, der Unauffälligkeit, des Im-Schatten-Stehens, kurzum: der Demut. In der Demut zeigte sich seine Größe.

Es gibt viele Beispiele für die demütige Haltung von Bruder Franz. Einst war Franziskus, so erzählt eine Legende, mit einem Genossen aus Assisi unterwegs, der einer besonders edlen und einflussreichen Familie entstammte. Weil Franziskus matt und krank war, ritt er auf einem Esel. Der Genosse, müde vom Gehen, dachte an seine vornehme Geburt und ärgerte sich darüber, dass er jetzt hinter dem Sohn eines Kaufmanns zu Fuß einhertrotten musste, während der ein Reittier benutzte. Zu seiner Verblüffung stieg Franziskus auf einmal von dem Esel herunter und sprach: „Mir ist eingefallen, dass es sehr unschicklich ist, wenn ich reite und du zu Fuß gehst, wo du doch in der Gesellschaft ein hoher und mächtiger Mann gewesen bist!" Da begann jener Genosse zu weinen und gestand schamrot dem Franziskus, welch eitle Anwandlung ihm durch den Kopf gegangen war.

Immer wollte Franz von Assisi im Hintergrund bleiben, nie im Vordergrund stehen. Stets verstand er sich als Dienstmann, als Gepäckträger, als Kofferschlepper seiner Brüder und Mitmenschen. Die Demut war etwas, was ihn vor vielen anderen Menschen auszeichnete. Seine Devise hieß: Suche nie deine Ehre, sondern immer nur die Ehre und den Willen Gottes!

Franz von Assisi hat sich selbst einen „Bruder Esel" genannt. In der Bildersprache wird dieser Vergleich verständlich. Der Esel ist doch eigentlich ein sehr sympathisches Tier. Er ist bescheiden, brav und gutmütig. Er trägt das, was die Menschen ihm aufladen. Das ist oft so viel, dass er darunter fast zusammenbricht. Aber er wehrt sich nicht dagegen, er bockt nicht auf, sondern er trägt still seine Lasten. Und wenn er einmal aufschreien möchte, dann bedeutet sein Schrei nichts anderes als ein einfaches „Iah".

Ein Esel lärmt nicht und tut sich nicht wichtig. Deswegen wird er auch nicht sonderlich von seiner Umwelt beachtet. Er tut schlicht und einfach seine Arbeit. Ihm ist es selbstverständlich, für andere das Gepäck zu tragen. Für diese Tätigkeit bekommt er keinen Verdienstorden, sondern nur eine Handvoll Heu und höchstens ab und zu ein paar Fußtritte, wenn er ungeschickt stolpert.

Einfach und bescheiden war auch Franz von Assisi. Er machte nichts aus sich, sondern trug mit größter Selbstverständlichkeit und ohne Aufhebens die Lasten für andere. „Nimm alles auf dich und ertrage es aus Liebe zu Gott", war seine Devise. Die Welt braucht solche Menschen wie Franziskus, die sich demütig für andere aufopfern; die still, bescheiden und in unendlicher Treue da helfen, wo es nötig ist. Wäre es nicht schrecklich auf dieser Erde, wenn es nur Wichtigtuer und Schreier, Gewalttätige und Ellenbogenmenschen gäbe?

Soll diese Welt gerettet werden, dann sind es weniger die Philosophen und die Siebenmalgescheiten, die Stolzen und die Herrschsüchtigen, sondern es sind die heiligen Menschen wie Franz von Assisi, die Demütigen und Bescheidenen, die Schlichten und Einfältigen im Geiste, eben die „Esel um Christi willen", die das Heil bringen. Diese mögen sich manchmal in der Welt einsam, vergessen und abgeschrieben vorkommen. Vor Gott sind sie nicht vergessen und nicht verachtet, denn „den Demütigen ist er in Liebe nahe" oder – wie es in Psalm 149 heißt – „die Gebeugten krönt er mit Sieg".

Es gibt keinen Zweifel daran: Die Demut ist die Tugend der wahrhaft Großen. Auch die schönsten Tugenden verblassen oder sterben früher oder später, wenn sie nicht auf dem Boden der Demut keimen und wachsen.

Auch wir sollten in der Nachfolge des heiligen Franz von Assisi zu den demütigen Menschen gehören, die still ihre Lasten tragen und die immer aufs Neue bereit sind, Lastträger für Gott und sein Reich in dieser Welt zu sein – auch auf die Gefahr hin, dass wir kaum oder gar nicht von unserer Umwelt beachtet werden und in den Augen vieler Menschen wenig oder nichts gelten. Es wird immer wieder Enttäuschungen und Undank geben. Trotzdem sollten wir unsere Lasten nicht abwerfen, sondern sie in Gottes Namen – durch die Welt – weitertragen.

Wäre es nicht auch des Nachdenkens wert, warum ausgerechnet ein Esel bei dem großen Wunder der Heiligen Nacht zugegen sein durfte und warum ausgerechnet er, der Esel, Jesus im Triumphzug nach Jerusalem tragen durfte? Kann man darin nicht eine wundersame Predigt Gottes an die Menschen erblicken? Es ist die Predigt seiner Liebe zu den Menschen, die erwählt sind, um Christus in die Welt hineinzutragen.

Freude

Franz von Assisi war ein froher, ein heiterer Mensch. Freude war der Grundton seines Lebens. Aber diese Freude bestand nicht in einer überschwänglichen Heiterkeit, in Albernheit oder einem müßigen Reden, sondern in einer Freude, die tief in Gott verankert war. Franz wusste: Gott ist ein Gott der Freude, der den Menschen „lächeln" lässt, auch wenn es diesem „nicht zum Lachen" ist.

Thomas von Celano schreibt: „Er (Franziskus) sprach mit solch feuriger Begeisterung, dass er vor Freude nicht mehr an sich halten konnte; während er seine Worte aussprach, bewegte er die Füße wie zum Tanze, nicht aus Übermut, sondern weil er vom Feuer der göttlichen Liebe gleichsam glühte, und darum reizte er auch die Zuhörer nicht zum Lachen, sondern erzwang tiefen inneren Schmerz. Staunend über die Gnade Gottes und den großen Freimut des Mannes, wurden ihrer viele im Herzen zerknirscht" (1 Cel 73).

Der Heilige wollte, dass auch seine Brüder nicht griesgrämig durch die Lande ziehen, sondern als „Freudenbringer" auf den Straßen und Plätzen das Evangelium verkünden. Bei einem Kapitel ließ Franz die allgemeine Mahnung niederschreiben: „Die Brüder sollen sich hüten, nach außen schwermütig und traurig zu erscheinen. Sie sollen auftreten, sich freuend im Herrn, fröhlich, liebenswürdig und geziemend gefällig."

Oft forderte Franziskus die Brüder auf, nicht Trübsal und Traurigkeit, sondern echte Freude auszustrahlen: „Wenn der Knecht Gottes sich bemüht, die innere und äußere Heiterkeit des Geistes zu bewahren, ... dann können ihm die Dämonen nicht schaden ... Der Teufel Anteil ist die Trauer, uns aber steht es zu, immer fröhlich zu sein und uns im Herrn zu freuen."

In den „Ermahnungen" des heiligen Franz von Assisi heißt es: „Selig jener Ordensmann, der nur an den hochheiligen Worten und Werken des Herrn seine Wonne und Freude hat und dadurch die Menschen mit Fröhlichkeit und Freude (vgl. Ps 50,10) zur Liebe Gottes führt. Wehe jenem Ordensmann, der an müßigen und leeren Worten sein Vergnügen hat und damit die Menschen zum Lachen reizt" (Erm 20).

Einmal sagte der Heilige zu einem mürrischen Gefährten: „Es schickt sich nicht, dass ein Diener Gottes sich den Menschen traurig oder beunruhigt zeigt, sondern immer in ehrbarem Frohsinn. Über deine Sünden magst du in der Zelle nachdenken und weinen und seufzen vor deinem Gotte. Kommst du aber zu den Brüdern, so lege alle Trauer ab und sei fröhlich mit den Fröhlichen!"

Die Freude des heiligen Franz hatte eine unwahrscheinliche Tiefe. Sie hatte nichts zu tun mit Lustigsein, sondern war – weil in Gott verwurzelt – imstande, auch mit Belastungen, ja selbst mit dem Leid, fertigzuwerden. Franz von Asssisi war erfüllt von einer Freude, für die Hunger, Not, Kälte, Verachtung, Schmerz, Krankheit oder innere Versuchungen nicht mehr die geringste Bedeutung hatten. Walter Ludin nennt die Freude, die der Heilige ausstrahlte, eine „Freude trotzdem", eine „Freude trotz allem"[13].

Der schönste Ausdruck der tiefen und überquellenden Freude, die Franz von Assisi im Herzen trug, war der „Sonnengesang", den er kurz vor seinem Tode gedichtet hat. Die Gegensätze konnten nicht größer sein. Von vielen Krankheiten gezeichnet und von tiefer Dunkelheit umgeben, lag Franz in einer Zelle und verfasste sein Lobgedicht auf Gottes wunderbare Schöpfung. Auch nach acht Jahrhunderten spürt man noch die Freude und Heiterkeit, von der der Heilige damals erfüllt war.

Von der Freude des heiligen Franz dürfen wir uns ein wenig anstecken lassen. Seine Freude lässt sich am besten umschreiben als ein „Ergriffensein von Gott" – eine echte religiöse Haltung! Freude lebt von der Überzeugung, dass Gott alles zum Besten lenkt, dass er „durchblickt", wenn wir „nicht mehr hinaussehen". Gott ist die nie versiegbare Quelle der Freude, die uns lächeln lässt – selbst unter Tränen. Der Freudige weiß: Alle Fallenden fallen in Gottes Hand.

Innerlich froh ist letztlich der, der sich vom Vater ergreifen lässt. Auch Jesus, Franziskus' großes Vorbild, konnte nur deswegen die dunkelsten Stunden überwinden und gelassen seinen Leidensweg gehen, weil er sagen konnte: Der Vater ist immer bei mir; er ist in mir und ich in ihm. Jesus war froh und glücklich, weil das Antlitz des Vaters in seine Traurigkeit hineinschimmerte.

Liebe

Liebe zum Nächsten – gespeist aus der Liebe zu Gott – war einer der tiefsten Charakterzüge des heiligen Franz von Assisi. Der Heilige wusste: Der Mensch kann auf vieles verzichten. Aber eines gibt es, ohne dass er nicht wirklich leben kann – gleich ob wir es Liebe, Wärme, Geborgenheit, Angenommensein, Freundschaft, Güte, Trost, Vertrauen oder sonstwie nennen. Jeder braucht dieses Eine und jeder kann es gewähren.

Sein ganzes Denken, Reden und Tun stellte Franz immer wieder in den selbstlosen Dienst am Nächsten. Da waren zunächst seine Mitbrüder, denen er offen, herzlich und verständnisvoll begegnete. Seine Liebe zu ihnen stand immer über dem Buchstaben aller Vorschriften und Regeln. Franz wollte nicht der Leiter, der „Chef" seiner Gefährten sein, sondern ein Bruder unter Brüdern. Er liebte es, „fratello", kleiner Bruder, genannt zu werden.

Die Legenden erzählen viele Beispiele seiner Liebe zu den Mitbrüdern. Als in der Fastenzeit ein Bruder mitten in der Nacht laut aufstöhnte und vor Hunger zu sterben meinte, stand Franz auf, gab ihm zu essen und brach, um ihn nicht zu beschämen, auch selber das Fasten. Nach dem Mahl warnte er alle vor zu strenger Enthaltsamkeit. Oder: Den Brüdern, die krank wurden oder sonst Not litten, erlaubte er, eine Kutte aus weichem Stoff auf der Haut zu tragen.

Auch seine Mitbrüder ermunterte Franz immer wieder, einander in Liebe und brüderlicher Herzlichkeit zu begegnen. In der endgültigen Ordensregel heißt es: „Wo immer die Brüder sind und sich treffen, sollen sie sich als Hausgenossen erweisen. Und vertrauensvoll soll einer dem andern seine Not offenbaren. Denn wenn schon eine Mutter ihren leiblichen Sohn nährt und liebt, um wie viel sorgfältiger muss einer seinen geistlichen Bruder lieben und nähren. Und wenn einer schwer krank werden sollte, dann müssen die anderen Brüder ihm so dienen, wie sie selbst bedient sein wollten (vgl. Mt 7,2)" (BReg 6,7–9).

Im „Brief an einen Minister" heißt es: „Es darf keinen Bruder auf der Welt geben, mag er auch gesündigt haben, so viel er nur sündigen konnte, der deine Augen gesehen hat und dann von dir fortgehen müsste ohne dein Erbarmen, wenn er Erbarmen sucht. Und sollte er nicht Erbarmen suchen, dann frage du ihn, ob er Erbarmen will. Und würde er danach auch noch tausendmal vor deinen Augen sündigen, liebe ihn mehr als mich, damit du ihn zum Herrn ziehst. Und mit solchen habe immer Erbarmen" (BrMin 9–12).

Die zärtlich-brüderliche Zuwendung des heiligen Franz galt keineswegs nur jenen, die in seiner Bruderschaft mit ihm zusammenlebten. Seine besondere Liebe galt den armen, alten und kranken Menschen, wie bereits ausführlich gezeigt wurde. Er beugte sich selbstlos und demütig über das Leid derer, die seiner Hilfe bedurften. Er hatte ein offenes Ohr für jeden „Schrei in der Nacht". Im Dienst am andern sah er seine Aufgabe als „Minderbruder".

Irgendwo waren über Franziskus diese Sätze zu lesen: „Seine Liebe zum Mitmenschen war bewundernswert; denn er und seine Brüder pflegten die Kranken und dienten ihnen, bettelten für sie den Lebensunterhalt oder verschafften ihn mit ihrer Hände Arbeit, hielten sich in den Hospitälern und Häusern Aussätziger oder anderer elender Menschen auf sowie solcher, die nicht für sich selbst sorgen konnten, dienten ihnen und pflegten sie."

Ohne Vorurteile wandte sich Franz der Not seiner Mitmenschen zu. Maßstab war für ihn allein das Wort Jesu: „Was ihr dem Geringsten meiner Brüder getan habt, das habt ihr mir getan." Worauf es ihm zutiefst ankam, hat der Heilige sinngemäß einmal so ausgedrückt: „Wenn ich die ganze Welt besäße, so würde ich sie ohne Zögern gegen die Liebe vertauschen. Was du den Bedürftigen gibst, das gibst du Gott; er selbst haftet für die Armen als Schuldner. Nur in den Armen können wir Gott etwas schenken."

Franz von Assisi wusste: Ein Sonnenstrahl reicht hin, um viel Dunkel zu erhellen. Deswegen ging er auch auf die „Bösen" in der nächsten Umgebung, die Straßenräuber, zu und schloss sie in seine brüderliche Liebe ein. Mit seinen Brüdern versorgte er die Übeltäter mit Essen und Trinken und sprach ihnen freundlich und verständnisvoll zu. Beeindruckt von der Güte des Heiligen, ließen die Räuber nach und nach von ihrem bösen Tun ab. Einige baten sogar darum, Minderbrüder zu werden.

Dem Beispiel des heiligen Franz folgend, sollten auch wir uns fragen: Wo habe ich zu dienen? Wem kann ich helfen? Wer braucht meine Zuwendung? Wir haben doch alle den Auftrag, dem Mitmenschen liebend zu begegnen. Und dies sollte weniger im Außerordentlichen geschehen, sondern mehr im Alltäglichen: in der Familie, in der Nachbarschaft, im Beruf, im Krankenzimmer, im Dienst am armen und bedürftigen Menschen.

In einer süddeutschen Stadt, so stand in einer Tageszeitung geschrieben, hatte ein vergessener und völlig vereinsamter Mann nach seinem Tod ein Tagebuch hinterlassen. Die täglichen Eintragungen seines letzten Lebensjahres bestanden immer nur aus vier Worten: „Niemand kam, niemand schrieb!" Tag für Tag hatte der alte Mann diese vier kargen Worte in sein Buch hineingeschrieben – Worte, die eine Welt von stillem Leid und großer Verzweiflung in sich trugen. Nur das war ihm jeden Tag aufs Neue geschehen: dass niemand zu ihm gekommen war und dass niemand ihm geschrieben hatte.

Wir dürfen keinen Menschen einfach aus dem Raum der Liebe hinausstoßen. Jeder Mensch bedarf der Liebe, der immer erneuten Zuwendung. Erhält er sie nicht, dann kann er krank werden, manchmal sogar schwerkrank: körperlich wie seelisch. Gerade wir Christen sollten immer wieder eine Lebensweisheit überdenken und praktizieren, die sich bereits im alttestamentlichen Buch der Sprichwörter (12,25) findet: „Kummer im Herzen bedrückt den Menschen, ein gutes Wort aber heitert ihn auf." Franz von Assisi hat uns diese Lebensweisheit in vorbildlicher Weise vorgelebt. Ihm nachzutun, könnte eine lohnende Aufgabe sein. Und das nicht erst morgen, sondern schon heute!

Literaturverzeichnis

Quellenschriften

Berg, Dieter/Lehmann, Leonhard: Franziskus-Quellen. Die Schriften des heiligen Franziskus, Lebensbeschreibungen. Chroniken und Zeugnisse über ihn und seinen Orden. Kevelaer 2009.

Bonaventura: Franziskus – Engel des sechsten Siegels. Franziskanische Quellenschriften Bd. 7. Werl 1962.

Celano, Thomas von: Leben und Wunder des heiligen Franziskus von Assisi. Kevelaer 2001.

Grau, Engelbert: Die Dreigefährtenlegende des heiligen Franziskus und der „Anonymus Perusinus". Werl 1993.

Hardick, Lothar/Grau, Engelbert (Hg.): Die Schriften des heiligen Franziskus von Assisi. Kevelaer 2001.

Lehmann, Leonhard (Hg.): Das Erbe eines Armen. Franziskus-Schriften (= Topos plus Taschenbücher, Band 464). Kevelaer 2003.

Schneider, Johannes: Die Fioretti. Legenden über Franziskus und seine Gefährten. Kevelaer 2002.

Schriften über Franziskus

Bader, Wolfgang (Hg.): Franz von Assisi. Gebete. München 1986.

Böck, Karl: Menschen und Heilige. Donauwörth 1985, S. 94–100 (Franz von Assisi).

Bolliger, Max: Franz von Assisi. Freiburg/Br. 1996.

Carretto, Carlo: Was Franziskus uns heute sagt. Freiburg/Br. 1996.

Frugoni, Chiara: Franz von Assisi. Die Lebensgeschichte eines Menschen. Düsseldorf 1997.

Imhof, Eduard: Meine sehr verehrten Heiligen! Liebesbriefe

eines Pfarrers. Freiburg/Br. 1988, S. 113–114 (Sehr verehrter heiliger Franz, 4. Oktober).

Kaltenbrunner, Otto: Der Rebell und Spielmann Gottes. Franz von Assisi in neuen Legenden. Freiburg/Br. 1996.

Klein, Diethard H.: Das große Hausbuch der Heiligen. Berichte und Legenden. München 2000, S. 498–501 (Franz von Assisi).

Kraus, Anselm: Den Spuren Christi und seines Dieners Franziskus folgen. Franziskanische Grundhaltungen. Münsterschwarzach 1988.

Kröger, Franz Josef (Hg.): Bruder aller. Geschichten und Legenden über den heiligen Franziskus. Kevelaer 2003.

Ders.: Franziskus für Kinder. Aus dem Leben des Heiligen erzählt. Kevelaer 2001.

Ders.: Hellleuchtend und schön. Der Sonnengesang des Franziskus. Kevelaer 2003.

Ders.: Mit Franziskus durch das Jahr. Kevelaer 2002.

Lehmann, Leohard (Hg.): Franziskus-Gebete (= topos taschenbücher, Band 751). Kevelaer 2011.

Ders.: Franziskus – Meister des Gebets. Eine Einführung (= Topos plus Taschenbücher, Band 599). Kevelaer 2007.

Ludin, Walter: Franz von Assisi für Ungläubige. Bollingen 2005.

Mayer-Skumanz, Lene: Geschichten vom Bruder Franz. Mödling 1980.

Mülling, Christina/May, Sigmunda: Spurensuche. Mit Franziskus die Melodie Gottes erlauschen. Werl 1996.

Nigg, Walter: Franz von Assisi. Denken mit dem Herzen. Zürich 1997.

Rotzetter, Anton u. a.: Franz von Assisi. Ein Anfang – und was davon bleibt. Düsseldorf 1993.

Schauber, Vera / Schindler, Hanns Michael: Heilige und Namenspatrone im Jahreslauf. Augsburg 1998, S. 513–516 (Franz von Assisi).

Schmitz, Hans Josef (Hg.): Von heiligen Menschen. Leben, Texte und Geschichten unserer Namenspatrone. Mainz

1979, S. 189–194 (Franziskus).

Schnitzler, Theodor: Die Heiligen im Jahr des Herrn. Ihre Feste und Gedenktage. Freiburg/Br. 1979, S. 342–344 (Franz von Assisi).

Stolz, Alban: Legende oder Der christliche Sternhimmel. Freiburg/Br. 1924, S. 683–688 (Der heilige Franciscus von Assisi).

Timmermans, Felix: Franziskus. Wiesbaden 1952.

Wolpert, Leo: Von unsern lieben Heiligen. 52 Legendenbilder. Freiburg/Br. 1924, S. 142–145 (Der Meister des Sterbens: Der hl. Franziskus – 4. Oktober).

Abkürzungen

Zitierte Schriften des heiligen Franziskus

BReg	Bullierte Regel
BrGl I	Brief an die Gläubigen I
BrGl II	Brief an die Gläubigen II
BrKl I	Brief an die Kleriker I
BrKust II	Brief an die Kustoden II
BrMin	Brief an einen Minister
BrOrd	Brief an den gesamten Orden
Erm	Ermahnungen
Fragm I	Fragmente der Handschrift von Worcester
GebKr	Gebet vor dem Kreuzbild von San Damiano
GrMar	Gruß an die selige Jungfrau Maria
LobGott	Lobpreis Gottes (für Bruder Leo)
Off	Offizium vom Leiden des Herrn
PreisHor	Preisgebet zu allen Horen
NbReg	Nicht bullierte Regel
SegLeo	Segen für Bruder Leo
Sonn	Sonnengesang
Test	Das Testament

Zitierte Schriften über den heiligen Franziskus

1 Cel	1. Buch des Thomas von Celano über das Leben des heiligen Franziskus
2 Cel	2. Buch des Thomas von Celano über das Leben des heiligen Franziskus
DreiGefLeg	Dreigefährtenlegende
Fior	Die Fioretti
LegMaj	Bonaventura

Anmerkungen

Sofern sich Titel im Literaturverzeichnis befinden werden in den Anmerkungen nur Kurztitel angegeben.

[1] Schnitzler, Die Heiligen im Jahr des Herrn, S. 344.
[2] Mülling/May, Spurensuche, S. 84.
[3] Mülling/May, Spurensuche, S. 128.
[4] Böck, Menschen und Heilige, S. 96.
[5] Wolpert, Von unsern lieben Heiligen, S. 145.
[6] Schauber/Schindler, Heilige und Namenspatrone im Jahreslauf, S. 513.
[7] Aus Imhof, Eduard: Meine sehr verehrten Heiligen. Liebesbriefe eines Pfarrers. © Verlag Herder GmbH, Freiburg i. Br. 3. Aufl. 1990.
[8] Aus Mayer-Skumanz, Geschichten vom Bruder Franz. © Lene Mayer-Skumanz.
[9] © Deutsche Schillergesellschaft, Marbach am Neckar.
[10] Aus Stolz, Legende oder Der christliche Sternhimmel, S. 688.
[11] Aus lmhof, Meine sehr verehrten Heiligen!, S. 113f.
[12] Becker-Huberti, Manfred: Feiern–Feste–Jahreszeiten. Freiburg/Br. 2001, S. 129.
[13] Ludin, Franz von Assisi für Ungläubige, S. 35f.

Zum selben Thema erschienen bei

topos taschenbücher

Leonhard Lehmann (Hg.)
Franziskusgebete

96 Seiten | topos taschenbuch 751
978-3-8367-0751-0

Leonhard Lehmann
Franziskus – Meister des Gebets

240 Seiten | topos taschenbuch 599
978-3-7867-8599-6

Leonhard Lehmann
Das Erbe eines Armen
Franziskus-Schriften

272 Seiten | topos taschenbuch 464
978-3-7867-8464-7

Martina Kreidler-Kos / Niklaus Kuster
Christus auf Augenhöhe
Das Kreuz von San Damiano

112 Seiten | topos taschenbuch 664
978-3-8367-0664-3

Leonardo Boff
Franz von Assisi und die
Liebe Gottes zu den Armen

160 Seiten | topos taschenbuch 715
978-3-8367-0715-2

Vom selben Autor erschienen bei

topos taschenbücher

Der heilige Nikolaus
Leben – Legenden - Bedeutung

96 Seiten | topos taschenbuch 769
978-3-7867-0769-5

Der heilige Florian
Leben – Legenden - Bedeutung

80 Seiten | topos taschenbuch 798
978-3-7867-0798-5

Der heilige Sebastian
Leben – Legenden - Bedeutung

96 Seiten | topos taschenbuch 797
978-3-7867-0797-8

Die heilige Barbara
Leben – Legenden - Bedeutung

96 Seiten | topos taschenbuch 768
978-3-7867-0768-8

Die heilige Katharina
Leben – Legenden - Bedeutung

96 Seiten | topos taschenbuch 826
978-3-7867-0826-5